Sofie Meys

Senkrecht gärtnern

Grüne Wände, Krater, Hoch- und Kistenbeete

Leopold Stocker Verlag
Graz – Stuttgart

Umschlaggestaltung:
DSR Werbeagentur Rypka GmbH, 8143 Dobl/Graz, www.rypka.at
Titelbild: Sofie Meys

Bildnachweis:
Alle Bilder wurden dem Verlag freundlicherweise von der Autorin zur Verfügung gestellt.

Bibliografische Information der Deutschen Nationalbibliothek
Die Deutsche Nationalbibliothek verzeichnet diese Publikation in der Deutschen Nationalbibliografie; detaillierte bibliografische Daten sind im Internet unter http://dnb.d-nb.de abrufbar.

Hinweis: Dieses Buch wurde auf chlorfrei gebleichtem Papier gedruckt. Die zum Schutz vor Verschmutzung verwendete Einschweißfolie ist aus Polyethylen chlor- und schwefelfrei hergestellt. Diese umweltfreundliche Folie verhält sich grundwasserneutral, ist voll recyclingfähig und verbrennt in Müllverbrennungsanlagen völlig ungiftig.

Auf Wunsch senden wir Ihnen gerne kostenlos unser Verlagsverzeichnis zu:
Leopold Stocker Verlag GmbH
Hofgasse 5/Postfach 438
A-8011 Graz
Tel.: +43 (0)316/82 16 36
Fax: +43 (0)316/83 56 12
E-Mail: stocker-verlag@stocker-verlag.com
www.stocker-verlag.com

ISBN 978-3-7020-1720-0

Layout und Repro: DSR Werbeagentur Rypka GmbH, 8143 Dobl/Graz
Druck: Finidr, s.r.o., Ceský Těšín

INHALT

DANK

Gerne möchte ich an dieser Stelle wieder zahlreichen lieben Helfern, Gartenfreunden, Kindern und Mitstreitern von ganzem Herzen danken.

Es ist eine Wohltat und der reinste Balsam für die Seele zu erleben, mit welcher Hilfsbereitschaft mein Umfeld an meiner Arbeit Anteil nimmt, wie Menschen, von denen man es nicht gleich erwartet hätte, meinem Buchprojekt ihre Aufmerksamkeit geschenkt haben.

Im Besonderen erwähnen möchte ich meine drei lieben Töchter, Andrea, Corinna und Lisa, die mir so fleißig dabei geholfen haben, meinen Garten fototauglich mitzugestalten, meiner Schwester Beate, die viel Nützliches zum Aufbau der vertikalen Gärten beigesteuert hat, Jutta Liebmann und Aleida Zuch, für die wunderschönen, schattenverträglichen Pflanzen, die mit der Post kamen, und natürlich Sascha Michel für die stets so verlässliche Hilfe bei der technischen Umsetzung aller im Buch beschriebenen Bauanleitungen.

Ein ganz besonderer Dank gilt meiner inzwischen 85-jährigen Mutter, die nicht müde wurde, mir ihre Hilfe anzubieten und die mich vor allem mit ihrer liebevollen Zuwendung aufs Wunderbarste unterstützt hat.

ZEIGT HER EURE (SENKRECHTEN) LIEBLINGSBEETE ...

Eines ist klar, wir lieben sie mehr als alle anderen Beete, schenken ihnen immer wieder gerne unsere Aufmerksamkeit, stecken sogar ein Vielfaches an Zeit in deren Pflege und Ausstattung und betrachten sie dabei immer wieder voller Verzückung. Was zeichnet ein Beet im Garten aus, wenn wir es mit Begeisterung als unser Lieblingsbeet bezeichnen?

In einem Lieblingsbeet wachsen nicht einfach nur Pflanzen. Sie wurden dort, einem Kunstwerk gleich, von uns, mit einer besonderen Unterstützung der Natur selbst, inszeniert, so dass wir uns durchaus als Künstler oder Künstlerin fühlen dürfen. Mit Fleiß, Können und Fantasie haben wir etwas erschaffen, das – neben aller Natürlichkeit wie auch Nützlichkeit – die eigene Handschrift trägt und damit einzigartig wie auch charakteristisch für uns selbst ist.

Kommen Besucher in den Garten, so zeigen wir ihnen voller Stolz unsere schönsten Orte beziehungsweise bleiben die meisten von ihnen irgendwann ganz von selbst fasziniert vor dem kunstvoll gemauerten Hochbeet, der mit Erdbeeren bepflanzten Tonne oder der mit dekorativen Balken und blühenden Tontöpfen verzierten Wand des Schuppens stehen, um die von uns so hingebungsvoll gestalteten Gartenbereiche zu bestaunen und den Gärtner oder die Gärtnerin mit Lob zu überschütten.

Nicht nur in kleineren Gärten macht es Sinn, auch die Vertikale in die Gartengestaltung einzubeziehen oder diese gar in den Mittelpunkt unserer gärtnerischen Bemühungen zu stellen. Wenn an einer zuvor unscheinbaren Wand eines Schuppens Stück für Stück eine abwechslungsreiche Gartenlandschaft entsteht, muss dies jedem sofort ins Auge fallen: Alte Tontöpfe, Körbe oder selbst gezimmerte Kästen nehmen Pflanzen aller Arten auf. Selbst Kräuter und Gemüse können hier gedeihen und ihren Beitrag zu einer gesunden Küche leisten. Durch die senkrechte Ausrichtung kann recht mühelos im aufrechten Stand gegärtnert werden, so dass die Gärtner ihre senkrechten Gartenprojekte ganz besonders lieben.

Die Freude, die wir im Garten gewinnen, können wir ein Stück weit zurückgeben, wenn wir sie mit anderen Menschen teilen. Ist uns ein Beet, eine Dekoration oder die Anlage eines bestimmten Gartenbereiches besonders gut gelungen, inspirieren wir im besten Fall andere, sich in ähnlicher Weise in ihren Gärten auszudrücken. Dabei müssen wir jedoch niemals fürchten, dass unsere Kreationen zu Plagiaten werden, denn es steckt in jedem dieser Werke ein Stück der Persönlichkeit des Gestalters, so dass es keine Doppelgänger geben kann.

Erst durch die besondere Ausstattung, die Wahl der Bepflanzung und das jeweilige Umfeld wird das besondere Gartenprojekt schließlich zu einer gewachsenen Einheit.

So mag der Leser selbst entscheiden, wie viel an Inspiration er aus den nun folgenden Vorschlägen für ausgefallene Gartengestaltungen einfließen lassen möchte in sein eigenes Schaffen und welche Ideen er hinzufügen oder verändern möchte, so dass sein persönliches Lieblingsbeet im Garten entsteht, welches ihm Tag für Tag eine besondere Freude macht.

HOCHBEETE

Dass Hochbeete eine äußerst clevere Einrichtung im Garten sind, wissen die meisten von uns bereits.

Gärtnern an einem höher gelegten Beet ermöglicht eine bequeme Haltung bei der Gartenarbeit, wodurch der Rücken geschont wird. Der Anbau von Kräutern und Gemüse in Hochbeeten erfolgt außerdem Platz sparend sowie äußerst ertragreich, so dass selbst gärtnerische Neulinge Erfolgserlebnisse von Anfang an haben. Daneben verschluckt so ein Beet Unmengen an wiederverwertbaren Abfällen aus Garten und Küche: Obst- und Gemüsereste, Essensreste, Grasschnitt, Laub, kleine Äste, Einstreu von Haustieren und vieles mehr.

Alle Materialien, die auf irgendeine Weise verrotten können und dabei ungiftig sind, können in den Innenraum eines Hochbeetes gefüllt werden und dort in aller Ruhe zu wertvollem Humus werden, während wir nur zusehen müssen, wie die Pflanzen auf dem Beet wachsen und gedeihen …

Doch halt, ein oder zwei Dinge sind dann doch vom Hochbeet-Gärtner zu erledigen. Das wäre zum einen das regelmäßige Gießen des Beetes!

Da Hochbeete auch Sonnenfallen sind und sich durch die entstehende Verrottungswärme besonders stark aufheizen, die üppig wuchernden Pflanzen außerdem generell viel Feuchtigkeit benötigen, muss das Beet regelmäßig, an extrem heißen Tagen sogar mehrmals am Tag, ausreichend gewässert werden.

Daneben sollte alles an Bewuchs entfernt werden, was den Gartenpflanzen Licht und Wasser streitig macht, also Unkräuter oder zu dicht stehende Pflanzen. Und das sind sie dann im Grunde genommen auch schon, die Pflegearbeiten, die an einem Hochbeet während der Gartensaison anfallen.

Das Ernten darf natürlich auch nicht vergessen werden, denn ein mit Gemüse und Kräutern bestücktes Hochbeet liefert ein Vielfaches an Ertrag im Vergleich zu einem herkömmlichen Beet am Boden.

EIN HOCHBEET GEWÄHRT UNS EINBLICK IN SEIN INNENLEBEN

Nun soll es aber zunächst um den Bau der Beete gehen, und zwar um Hochbeete mit speziellen Gestaltungsmerkmalen. In unserem ersten Beispiel wird in einem Hochbeet aus Holz als besonderes Highlight eine Sichtschutzscheibe aus Plexiglas in den hölzernen Rahmen des Beetes integriert. Das bietet dem Gärtner und neugierigen Besuchern die Mög-

Gärtnern an einem Hochbeet macht in jedem Alter Freude.

lichkeit, einmal einen Blick in das Innere des Beetes werfen zu können.

Das ist insofern interessant für uns Gärtner, da wir nun auch erkennen können, wie weit die Zersetzung des Füllmaterials bereits fortgeschritten ist. Natürlich bieten sich auch andere, spannende Einblicke: Regenwürmer und anderes Getier bei ihrer wertvollen Arbeit, Wurzelwerk, das sich rasend schnell ausbreitet und eine sich immer wieder verändernde Schichtenbildung der Erdmasse im Inneren des Beetes. Vor allem Kinder haben Gefallen daran, den Geheimnissen der Pflanzen- und Tierwelt ein Stück weit auf die Spur zu kommen.

Schon der Gießvorgang eines ausgetrockneten Beetes wird zum Erlebnis, wenn man mitverfolgen kann, welche Veränderungen das eindringende Wasser im Inneren des Beetes verursacht.

So funktioniert der Bau des Hochbeets mit Sichtscheibe

Schritt 1 – Standort und Material

Zunächst wird der **Standort** für das Beet sorgfältig ausgewählt! Je nach bevorzugter Bepflanzung des Beetes wird ein **vollsonniger bis wenig beschatteter** (Gemüse und die meisten Blumen) oder ein eher schattiger bis halbschattiger Ort (Farne, Funkien, Walderdbeeren) ausgewählt. Gemüse und die meisten Blühpflanzen mögen es sonnig. Ein Schatten-Hochbeet wäre aber ebenfalls denkbar, um auch die von der Sonne abgewandten, dunkleren Orte im Garten ein wenig aufzupeppen (siehe dazu auch ab Seite 93, „Das Schattenbeet“).

Der Boden unter dem geplanten Beet sollte frei von größeren Wurzeln sowie durchlässig sein. Wurzelunkräuter, wie Brennnesseln, Giersch oder Ackerwinde, werden gründlich entfernt!

TIPP! Scheibe auf der Schattenseite

Die Seite des Beetes, in welche die Scheibe aus Glas oder Plexiglas eingebaut wird, sollte nicht unbedingt nach Süden zeigen. Das Beet würde sich hier zu sehr aufheizen. Man wählt für den Einbau der Scheibe daher eine Seite des Beetes, welche in eine nördliche oder östliche Richtung zeigt.

Materialliste

- 4 Bodenhülsen (Bild), dazu passend:
- 4 Zaunpfähle, rund 1,50 m lang
- Terrassendielen, z. B. Douglasie, für die Beet-Umrandung, ca. 3 mm dick, (zugeschnitten in den Längen 1,40 m und 80 cm, in einer Anzahl, dass man mit ihnen eine Beethöhe von rund 80 cm erreichen kann)
- 1 Plexiglasscheibe, etwa in der Größe 50 cm x 30 cm
- dünne Leisten aus Holz oder Metall, z. B. Tür-Bodenleisten aus Messing, zum Bau eines Rahmens rund um die Plexiglasscheibe (von innen wie auch von außen)
- Noppenbahn aus Kunststoff zum Schutz der Holzlatten von der Innenseite her, rund 1 m x 3 m
- ggf. selbstklebendes Dichtungsband

Dielenbretter kann man in den meisten Baumärkten oder beim Holzhändler in den gewünschten Längen zuschneiden lassen. Das spart Arbeit!

Bodenhülsen für die Ecken des Hochbeets

Benötigtes Werkzeug

- Akkuschrauber
- Schrauben
- Wasserwaage
- Kreis- oder Stichsäge
- Handsäge
- großer Handtacker
- Teppichmesser
- ggf. verstellbarer Anschlagwinkel und Blechschere

Schritt 2 – Der Bau

Nachdem wir einem Hornissenvolk ausgewichen sind, dessen Mitglieder sich von uns bei unseren Vorbereitungsarbeiten anscheinend bedroht fühlten, mussten wir den zunächst ausgewählten Standort für das Hochbeet mit Sichtscheibe aufgeben und uns nach einem neuen Platz im Garten umsehen.

Wir wurden schließlich in einer abgelegenen Gartenecke vor einem Maschendrahtzaun fündig. Hier würde das Beet viel Sonne erhalten, gleichzeitig für Sichtschutz zur Straße hin sorgen und auch den nicht besonders hübschen Zaun zum Nachbargrundstück kaschieren, so dass wir sogleich mit dem Aufbau begannen.

Mit den auf Länge gesägten Brettern ist das tatsächlich ein Kinderspiel und kann auch von ungeübten Personen erledigt werden.

Schritt 2.1 Die vier Bodenhülsen werden mit einem Vorschlaghammer in den Boden getrieben. Man stellt hierzu einen kleinen Schlagklotz in die Hülse.

Schritt 2.2 Die Abstände der Pfähle müssen sehr genau ausgemessen werden, damit die bereits auf Länge gesägten Bretter exakt passend an die Pfähle geschraubt werden können. Ist man unsicher, hält man die Bretter an die Pfähle und überprüft so die Abstände noch einmal sorgfältig, bis alles auf den Zentimeter genau stimmt.

Schritt 2.3 Von außen werden die Balken nun, Seite für Seite, an die Pfähle geschraubt.

Schritt 2.4 Mit einer Wasserwaage wird deren waagerechte Position überprüft.

Schritt 2.5 Kleine Abstandshalter werden zwischen die Bretter gelegt, damit ein gleichmäßiger Abstand zwischen den einzelnen Dielenbrettern vorhanden ist. Da Holz immer ein wenig „arbeitet“, sich ausdehnt oder verzieht, ist dieser Abstand enorm wichtig für die Stabilität und Formschönheit des Beetes.

Schritt 2.6 Das Grundgerüst des Hochbeets ist nun komplett an die Pfosten geschraubt worden.

Schritt 2.7 Die oben überstehenden Pfosten werden bündig abgesägt (links). Dies kann mit einer Stichsäge oder manuell mit einem Fuchsschwanz geschehen.

Schritt 3 – Abschlusskante

Schritt 3 Eine hübsche Abschlusskante entsteht durch Aufsetzen schmaler Holzlatten, die an ihren Enden mit Hilfe eines verstellbaren Anschlagwinkels (links) „auf Gehrung“ zugeschnitten und anschließend auf die Oberkante der Beetumrandung geschraubt werden (rechts).

Schritt 4 – Öffnung für die Sichtscheibe

Schritt 4.1 Die Plexiglasscheibe wird an die Stirnseite des Hochbeetes angehalten, mit einem Bleistift deren Umriss nachgezeichnet.

Schritt 4.2 Als Einsteckhilfe für eine Stichsäge werden an den vier Eckpunkten mit einer Bohrmaschine Löcher gebohrt, …

Schritt 4.3 … die Öffnung für die Scheibe anschließend sauber herausgesägt.

Die fertige Öffnung für die Sichtscheibe

Schritt 4.4 In eine gebogene Profilleiste aus Edelstahl Löcher bohren …

Schritt 4.5 ... und diese von der Innenseite an beiden Seiten anschrauben, um die Plexiglasscheibe zu fixieren. Alternativ können hier auch schmale Holzleisten verwendet werden.

Schritt 4.6 Zum Abdichten der Scheibenöffnung kann ein doppelseitiges Klebeband oder wahlweise ein Dichtungsband, wie man es für Fenster nutzt, in die Öffnung eingeklebt werden.

Schritt 4.7 Nun wird die Schutzfolie von beiden Seiten der Plexiglasscheibe entfernt und die Scheibe in die Öffnung eingesetzt.

Schritt 4.8 Aus Tür-Bodenleisten wird ein von außen sichtbarer hübscher Rahmen für die Sichtscheibe des Beetes gestaltet. Hierzu werden die Leisten auf Länge geschnitten und an den Enden mit einem einstellbaren Anschlagwinkel (45°) mit einer Blechschere zugeschnitten.

Schritt 4.9 So entsteht die sogenannte „Gehrung“, was in jedem Fall eine optisch sehr schöne Lösung ist.

Schritt 4.10 Die Leisten werden mit Schrauben um die Sichtscheibe befestigt.

Schritt 5 – Noppenfolie zum Schutz des Holzes

Das wertvolle Douglasienholz benötigt unbedingt einen Schutz auf der Innenseite des Hochbeetes. Hierfür am besten geeignet ist eine sogenannte Noppenbahn aus Kunststoff.

Die Noppen müssen zur Holzseite zeigen, damit das Holz immer gut abtrocknen kann. Man schneidet Teilstücke zu, die jeweils eine Wand sowie eine Seite des innen liegenden Pfostens abdecken (siehe Bild links unten).

Schritt 5.1 Die Teilstücke der Noppenbahn werden mit einem Teppichmesser zugeschnitten …

Schritt 5.2 … und mit einem Tacker an der Innenseite der Holzleisten befestigt.

Schritt 5.3 Jedes Seitenstück soll je eine Seite des innenliegenden Pfostens abdecken.

Schritt 5.4 Für die Seite, an der sich die Sichtscheibe befindet, werden dünne Streifen der Noppenbahn zugeschnitten und ebenfalls mit dem Tacker am Holz befestigt, so dass man sie keinesfalls von außen sehen kann.

Schritt 6 – Beet befüllen

Man beginnt mit grobem Material, wie es Äste, Grün- und Strauchschnitt oder Reisig sind. Die einzelnen Schichten der Füllung werden jeweils gut festgetreten. Zwischendurch wird das Material immer wieder angefeuchtet, etwas Kompostbeschleuniger darüber gestreut und immer wieder etwas gute Komposterde als Zwischenschicht in das Beet eingebracht. Das gewährleistet eine zügige Verrottung im Inneren des Beetes.

Schritt 6.1 Zuerst kommt grobes Material, wie es Äste, Grün- und Strauchschnitt oder Reisig sind, ins Hochbeet.

Schritt 6.2 Und so schaut die Schichtenbildung beim Blick durch die Scheibe in das Beet hinein aus! Garten-TV: Manchmal entdeckt man auch tierische Bewohner bei der Arbeit.

HOCHBEETE IN HANGLAGE

Nicht immer stehen ausreichend viele ebenerdige Flächen in einem Garten zur Verfügung, so dass Hochbeete auch in Hanglagen aufgebaut werden müssen.

Damit eine schöne Optik entsteht, kann man sie entweder mit Hilfe von Stellfüßen dem Gelände anpassen oder man stellt sie jeweils auf eine eingeebnete Terrasse.

Für die Terrassenbeete werden beliebig viele Hochbeete gezimmert, wobei die vier angespitzten Eckpfosten jeweils nach unten mindestens 30 cm herausragen, so dass die Beete später mit einem Vorschlaghammer an Ort und Stelle in den Boden getrieben werden können.

Nun werden die **Stellflächen** vorbereitet, indem der Boden dort von Unkräutern befreit und gut verfestigt wird. Man stellt die fertigen Beete nun auf diese Terrassen und schlägt mit einem Vorschlaghammer vorsichtig auf die Eckpfosten, bis die Beete fest im Boden verankert sind und sich in der Waage befinden. Mit Hilfe einer Wasserwaage wird deren Position überprüft und gegebenenfalls nachkorrigiert.

Damit sich die Lage der Beete zueinander nicht mehr verschieben kann, werden die Beete auch miteinander verschraubt.

Tisch-Hochbeete mit Stellfüßen in die Waage bringen

Um die Stellfüße sicher am Beet befestigen zu können, werden für die Eckkonstruktionen stabile Dielen benötigt. Das Hochbeet erhält zudem einen Boden aus Holz- oder Kunststoffdielen und ist demnach wie eine Art Tischbeet aufgebaut.

Diese zwei Hochbeete wurden dicht nebeneinander auf Terrassen gestellt und haben sich dem leicht abfallenden Gelände angepasst.

Die Dielen werden auf innen am Beet angebrachte Leisten locker aufgelegt, so dass Flüssigkeit aus dem Beet nach unten hinauslaufen kann. Die Stellfüße werden von der Innenseite an jeder Ecke des Beetes weit unterhalb des Hochbeetbodens angeschraubt. Mittels der vorhandenen Schraubvorrichtung kann das Beet nun in die Waage gebracht werden. Unter dem Beet entsteht bei dieser Beetvariante zudem Staufläche für Töpfe, Schaufeln oder Pflanzsubstrate.

Mit Stellfüßen (aus dem Gerüste-Bau) können Hochbeete am Hang problemlos in eine waagerechte Stellung befördert werden.

DAS GEMAUERTE BEET MIT ZIEROBJEKTEN AUS BETON

Bei diesem Hochbeet werden gleich mehrere Aspekte künstlerischer wie auch gärtnerischer Vorlieben vereint.

Steine im Garten hatten es uns immer schon angetan. Wenn irgendwo ein altes Haus abgerissen wurde, waren wir meist gleich zur Stelle, um einige alte Steine zu ergattern. Später kam, beinahe wie von selbst, das Hobby „Betonieren" hinzu und es entstanden wunderschöne Beton-Dekorationen für Haus und Garten.

Doch unsere größte Leidenschaft ist und bleibt der Garten selbst. Warum sollte man sich aber mit dem Gärtnern auf einer einzigen Ebene zufrieden geben, wenn man das Erdniveau auch höher oder tiefer legen kann?

Es entstanden nach und nach diverse Krater- und Hochbeete. Letztere wurden aus ganz unterschiedlichem Material gestaltet. Schnell stellte sich heraus, dass manch eine Pflanze am neuen Standort besonders gut gedeiht, was unserer neuen Leidenschaft Recht zu geben schien.

Hochbeete aus Steinen speichern besonders viel Wärme, so dass Wärme liebende Pflanzen, wie Kürbisse, Gurken oder Paprika, die Steinbeete als optimalen Standort bevorzugen. Nun sollte also ein weiteres Hochbeet aus Steinen in unserem neuen Garten im Windecker Ländchen entstehen.

Alte Lehmziegel waren noch reichlich vorhanden, so dass dem Unternehmen nichts mehr im Wege stand. Doch warum nicht auch einige der zahlreichen selbst gestalteten Beton-Kreationen beim Mauern der Hochbeetwände mitverwenden? Die Kombination aus alten

Ziegeln und urigen Betonwerken erschien uns äußerst reizvoll! Ein besonders apartes Hochbeet begann sich vor unserem inneren Auge zu entwickeln.

Skizzen helfen uns beim Realisieren eines Projekts!

Um vor lauter Ideen nicht den Überblick zu verlieren, hat es sich bewährt, Skizzen anzufertigen. Es muss sich nicht um ein erstklassiges Gemälde handeln. Eine einfache Skizze hilft uns jedoch ungemein beim Realisieren eines Projekts. Man erkennt dann recht gut, was machbar ist, vor allem, wenn man Größeneinheiten in etwa beibehält. Auch zeigt die Skizze, ob das Gesamtbild von seiner Optik her stimmig ist.

Standortsuche

Für ein Hochbeet wird ein gefestigter, durchlässiger, unkrautfreier Untergrund benötigt, der relativ eben ist. Gute Licht- und Sonnenverhältnisse sollten an diesem Ort vorhanden sein, sprich, mindestens halbtags besonnt sollte der Platz sein, damit Gemüse, Kräuter oder Blumen auf dem Beet gedeihen.

TIPP! Unkräuter entfernen

Vorhandene Wurzelunkräuter müssen unbedingt tiefgründig entfernt werden!

Weiterhin sollte von mindestens einer Seite aus ausreichend Platz zum Bearbeiten vorhanden sein. Im Idealfall ist das Hochbeet auch von mehreren Seiten aus gut zugänglich.

Im Falle eines gemauerten Beetes sollte der Platz besonders sorgfältig ausgewählt werden, da man dieses Beet nicht so einfach wieder abbauen kann. Bei einfachen Stecksystemen, Weidenbeeten, Reifenbeeten oder trocken aufgeschichteten Steinbeeten bleibt man dagegen recht mobil. Ein feststehendes, gemauertes Beet dagegen wird viele Jahre am gleichen Standort bleiben. Das sollte man bei der Standortwahl unbedingt mit berücksichtigen!

Diese Gartenecke sieht noch nicht besonders ansprechend aus! Hier soll in Kürze ein gemauertes Hochbeet entstehen!

Nachdem der für das Beet vorgesehene Platz entsprechend vorbereitet wurde, indem der **Untergrund eingeebnet** sowie **Wurzelunkräuter tiefgründig entfernt** wurden, wird ein breiter Graben in der Größe des späteren Beetes ausgehoben.

TIPP! Stabiler Untergrund

Das Steinbeet soll ein solides Fundament erhalten!

Wir haben uns für ein Fundament aus schweren Kalksandsteinen entschieden. Die Gründe dafür sind recht schnell benannt: Die Kalksandsteine waren als Restbestand vorhanden und diese Variante hat gegenüber einem gegossenen Betonuntergrund auch den Vorteil, dass sie, auch für handwerklich Ungeübte,

Kalksandsteine

viel einfacher zu realisieren ist. Auch handwerklich noch völlig unbefleckte Personen sollten dies hinbekommen!

Materialliste

- 1 bis 2 große Kübel mit feinem Split
- Kalksandsteine als Fundament entlang der Außenlinien des Hochbeetes
- Unkrautfolie
- Fugenmörtel für Natursteine (2 bis 3 Säcke je nach Größe des Beetes), z. B. Trasszement
- Steine zum Mauern, etwa alte Lehmziegel
- 1 bis 2 Säcke Beton-Estrich oder Zementmörtel zum Gestalten der Beton-Dekorationen
- fertige Gießformen, flüssiges Abform-Silikon oder einige Tuben Bau-Silikon zum Abformen bereits vorhandener Deko-Elemente (siehe hierzu auch ab Seite 32)

Benötigtes Werkzeug

- Spaten
- Wasserwaage
- sehr lange Wasserwaage oder eine lange Holzlatte
- Gummihammer zum Ausrichten der Fundamentsteine
- Vorschlaghammer zum Verfestigen des Untergrundes
- mehrere Eimer oder Maurerkübel
- mehrere Handspachtel (Maurerkelle)
- dünne Maurerschnur, wenn man mit einem Schnurgerüst arbeiten möchte
- ggf. schmale Fugenkelle, um die Fugen zu modellieren

Schritt 1 – Fundament aus Kalksandsteinen

Die Größe des Fundaments wird wie folgt berechnet:

> **Summe der Hochbeet-Mauersteine** (= Ziegel zum Mauern) für eine **Beetlänge (lange Seite)** in Zentimetern addieren, dazu jeweils 1 cm für die Fugen = die Mindestlänge des Fundaments
>
> **Summe der Hochbeet-Mauersteine** für eine **Beetlänge (kurze Seite)** in Zentimetern addieren, dazu jeweils 1 cm für die Fugen = Mindestbreite des Fundaments

Nun werden die Sockelsteine für das Fundament ausgemessen (ohne Fugen). Sie dürfen die Maße des späteren Hochbeets nicht unterschreiten bzw. werden noch jeweils rund 5 cm hinzuaddiert, damit das Hochbeet aus Ziegeln in etwa mittig auf die Sockelsteine aufgesetzt werden kann (siehe Skizze)!

Für die Sockelsteine (= Fundament) wird nun ein rund 15 cm tiefer Graben ausgeschachtet, der Boden gut verfestigt, anschließend rund 3 bis 4 cm feiner Split hineingegeben und verteilt.

Der Split wird wiederum gut festgestampft und die Fläche mit einer Wasserwaage geprüft. Die gesamte Fläche muss in der Waage sein, damit eine ebene Auflagefläche für die Sockelsteine vorhanden ist.

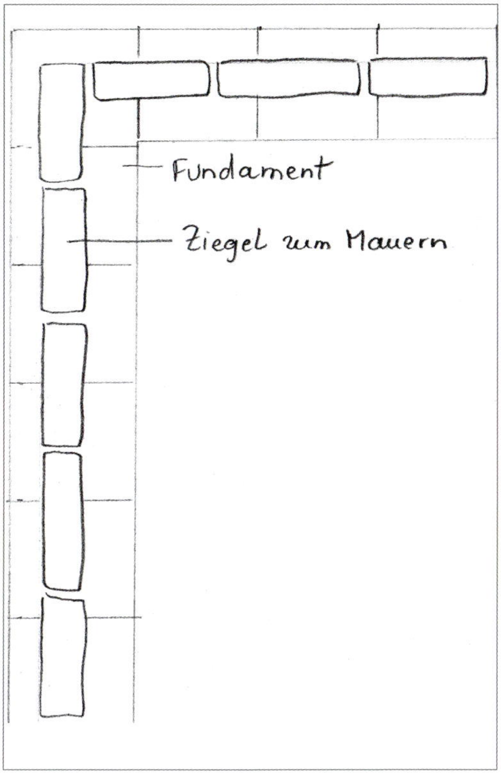

Skizze des Hochbeet-Fundaments

Schritt 1.1 Ein ausreichend breiter Graben wird ausgehoben und die Fläche sehr gut festgestampft. Ein großer, schwerer Vorschlaghammer leistet hierbei gute Dienste. Man sollte sich für das Verdichten viel Zeit nehmen, damit das Hochbeet einen soliden Untergrund erhält!

Schritt 1.2 Da in dieser Gartenecke sehr viele Brennnesseln wuchsen, wird zur Sicherheit ein wasserdurchlässiges Unkrautvlies über den Boden gelegt.

Schritt 1.3 Es wird reichlich Split in den Graben gegeben, verteilt und wiederum gut festgestampft.

Schritt 1.4 Zunächst werden die vier Eckpunkte in die Waage gebracht. Dazu wird entweder eine sehr lange Wasserwaage (siehe Bild) benötigt oder man verwendet eine lange Holzlatte, auf welche man eine kleinere Wasserwaage auflegt.

Schritt 1.5 Es werden die restlichen Kalksandsteine als Fundament für das Ziegelhochbeet verlegt. Hierbei muss deren Lage exakt mit der Wasserwaage überprüft werden. Durch den reichlich vorhandenen Split kann die Lage der Steine sehr einfach korrigiert werden.

Das Fundament ist nun komplett!

Schritt 1.6 Alle vorhandenen Lücken rund um das Kalksandstein-Fundament werden nun mit Split aufgefüllt. So erhält das Fundament weitere Stabilität.

Schritt 2 – Das Ziegelhochbeet wird gemauert

Soll mit Ziegelsteinen gemauert werden, die von verschiedenen Baustellen stammen, ist dies ohne weiteres möglich. Man sollte die Steine allerdings vor der Verwendung gut

Alte Lehmziegel sind eine Zierde für jeden Garten.

miteinander vermischen. Dadurch entsteht ein regelmäßiges Oberflächenbild. Die Steine sollten in etwa das gleiche Format besitzen.

Wenige Millimeter Unterschied können gegebenenfalls durch den beim Mauern verwendeten Mörtel ausgeglichen werden.

Schritt 2.1 Mit Hammer und Meißel geht es Mörtelresten, die noch an den alten Ziegeln haften, an den Kragen.

Zum Mauern benötigt man einige Maurerkellen sowie ggf. eine Maurerschnur.

Schritt 2.2 Vorhandene Hohlräume in den Sockelsteinen werden mit Split oder alternativ mit Kies oder Sand aufgefüllt.

Schritt 2.3 Die Steine werden probeweise trocken auf die Sockelsteine aufgelegt, damit man passende Steine beim Mauern der ersten Reihe schnell zur Hand hat (oben). Das Spannen einer Maurerschnur stellt ggf. eine Hilfe dar, um eine gerade Linie beim Mauern einzuhalten (unten).

Schritt 2.4 Erst jetzt wird die Mörtelmasse angerührt.

Nach Packungsanweisung wird zuerst Wasser, dann die entsprechende Menge an Zementpulver (Naturstein-Trasszement) in einen großen Eimer oder einen Maurerkübel gegeben, anschließend glatt gerührt. Dazu kann eine Bohrmaschine mit einem passenden Quirl-Aufsatz verwendet werden. Kleine Mengen können jedoch auch mit einer Handschaufel aus Metall verrührt werden. Die Konsistenz der Masse soll recht zähflüssig (= pastös) sein. Sie darf beim Aufnehmen keinesfalls von der Maurerkelle herabfließen.

TIPP! Mit kleinen Mengen experimentieren

Wer noch nie selbst gemauert hat, beginnt zunächst mit einer kleinen Menge Zementmörtel, damit genug Zeit vorhanden ist, um sich in die neue Materie einzuarbeiten.

Nun wird Reihe für Reihe zunächst „trocken" aufgelegt, um die passenden Steine gleich griffbereit zu haben, und im Anschluss Stein für Stein gemauert. Gegebenenfalls muss auch der eine oder andere Stein geteilt werden, damit keine Kreuzfugen entstehen (= übereinander liegende Fugen). Kreuzfugen sollten unbedingt vermieden werden!

Schritt 2.5 Die Ziegelsteine werden zunächst nur auf einer Seite des Beetes heruntergenommen, sie sollten griffbereit liegen. Die Mörtelmasse wird nun mit einer Maurerkelle auf den Sockelsteinen verteilt (Bild). Sie sollte in einer gleichmäßig dicken Schicht aufgetragen werden. Mit der Maurerkelle können Unebenheiten ausgeglichen werden.

Schritt 2.6 Nun wird der erste Stein leicht in den Mörtel gedrückt. Bevor der zweite Stein aufgelegt wird, gibt man etwas Zementmörtel auf seine Stirnseite, also dort, wo er den ersten, bereits verlegten Stein berühren wird (Bild). So ist gewährleistet, dass die Fuge zwischen beiden Steinen sogleich geschlossen ist.

Schritt 2.7 Die Menge des Mörtels richtet sich nach der Fugenbreite. Die Fugen sollten immer gut geschlossen sein. Allerdings kann auch hinterher noch mit Mörtel aufgefüllt werden. Auf diese Weise wird die gesamte erste Steinreihe rundum gemauert (Bild).

Schritt 2.8 Überstehender Mörtel wird mit der Maurerkelle entfernt und kann zur Weiterverwendung in den Mörteleimer gegeben werden.

Schritt 2.9 Mit einer sehr langen Latte oder Wasserwaage wird die Arbeit überprüft. Sollten einige Steine nicht exakt auf einer Linie positioniert sein, kann ihre Lage jetzt, solange der Zement noch weich ist, korrigiert werden.

Schritt 2.10 Mit einer kleineren Wasserwaage wird überprüft, ob der Ziegelstein korrekt eingesetzt wurde. Sollte er zu tief liegen, muss er nochmals angehoben und mit weiterem Mörtel unterfüttert werden. Das kann Hobby-Maurern natürlich schnell einmal passieren und ist kein Beinbruch. Mit fortschreitender Arbeit kommt auch die Routine.

Auf halber Strecke kann schon mit dem Befüllen des Beetes begonnen werden. Das hat den Vorteil, dass es leichter ist, Äste, Grünschnitt oder halbgaren Kompost hineinzugeben, wenn die Wände des Hochbeets noch nicht so hoch sind. Man steigt am besten in das Beet hinein und stampft jede Schicht des eingebrachten Kompostmaterials gut fest. Kompostiert werden kann alles, was zu Erde zersetzt wird und ungiftig ist: Kleine Äste, klein gehäckseltes Holz, Strauchschnitt, Grünabfälle aus Garten und Küche, Grasschnitt (in dünnen Schichten), Einstreu und Mist von Haustieren, halbgarer Kompost u. v. m.

Schritt 2.11 In das Beet kann alles hinein, was verrotten kann sowie ungiftig ist: Kleine Äste, Strauchschnitt, Grünabfälle aus Garten und Küche, Grasschnitt, Einstreu von Haustieren, halbgarer Kompost u. v. m. Jede Schicht wird gut festgestampft. Dazu steigt man in das Beet hinein!

Um ein harmonisches Mauerwerk ohne Kreuzfugen zu erhalten, kommt man nicht umhin, Steine zu teilen. Dazu benötigt man Hammer und Meißel. Zusätzlich können entstandene Lücken an den Ecken des Beetes mit dekorativen Elementen aufgefüllt werden. Das können selbst hergestellte Tafeln oder Würfel aus Beton oder Ton ebenso sein wie auch andere bereits fertige Elemente aus Stein, Ton, Beton oder anderem witterungsbeständigen Material (Muschelschalen, Bruchstein, Fliesenreste o. Ä.). Solange die Stabilität des Beetes nicht gefährdet ist, darf man sich gerne künstlerisch ausdrücken.

Schritt 2.12 Manchmal kommt man nicht umhin, vorhandene Ziegelsteine zu teilen, damit sie in das Mauerwerk hineinpassen. Dazu nutzt man Hammer und Meißel. Man schlägt den Stein vorsichtig entlang einer Linie (= Sollbruchstelle) so lange an, bis er bricht.

Schritt 2.13 Kommt man einmal mit den vorhandenen Steinen nicht exakt hin und ist am Ende einer Ziegelsteinreihe noch eine Lücke vorhanden, so ist das nicht so schlimm, wie man zunächst glaubt, denn hier entsteht Platz für eine hübsche Applikation aus Beton oder Ton.

Schritt 2.14 Hier wurde in die vorhandene Lücke eine kleine Kachel mit dem Bildnis einer Eule eingesetzt. Das gibt dem Hochbeet noch ein wenig mehr Charme und individuelle Ausstrahlung!

Die Fugen werden verschlossen

Für Stabilität und Aussehen des Gemäuers ist es von großer Bedeutung, dass alle vorhandenen Zwischenräume mit Mörtel verschlossen werden. Damit diese Fugen auch optisch etwas hermachen, nutzt man eine schmale Fugenkelle und schiebt die Mörtelmasse damit vorsichtig in die Zwischenräume hinein.

Nun werden die Fugen sorgfältig geglättet, überschüssiges Material anschließend abgenommen.

Noch einige Stunden lang hat man die Möglichkeit, die Arbeit mit einem groben Schwamm und etwas Wasser noch ein wenig nachzuarbeiten. Auch die sichtbaren Ziegeloberflächen werden dabei abgewaschen und von Mörtelresten befreit.

TIPP! Alternative zur Fugenkelle

Wer keine Fugenkelle besitzt, kann sich mit einer normalen (etwas kleineren) Maurerkelle behelfen und zum Glätten der Fugen ein entsprechendes Hilfsmittel aus stabiler Pappe oder festem Gummi (z. B. Moosgummi) selbst zuschneiden.

So eine schmale Fugenkelle ist hilfreich beim anschließenden Verfugen von noch vorhandenen Lücken im Mauerwerk.

Eine spezielle Fugenkelle erleichtert die Arbeit.

Eine gute Gelegenheit, um im Garten ein wenig Ordnung zu schaffen ...

Die Neuanlage eines Hochbeetes kann jeweils dazu genutzt werden, im Garten einmal ordentlich aufzuräumen. Vor allem in großen Gärten mit Baumbestand taucht immer wieder das Problem auf, wo Baumschnitt oder Grünabfälle ganz allgemein gelagert werden, wenn der Komposthaufen schon am Überquellen ist.

In das Innere eines Hochbeetes gehen Unmengen hinein. Man wird staunen, wie viel Biomasse hier quasi verschluckt wird. Beim Befüllen wechselt man gröberes Material (Äste, Strauchschnitt etc.) mit feinerem (Erde, halbgarer Kompost etc.) immer wieder ab und tritt die einzelnen Schichten gut fest. Dazu steigt man in das Hochbeet hinein und stapft mit dem eigenen Körpergewicht auf dem Material umher.

Schritt 3 – Herstellung der Applikationen aus Beton

Wie man sein Hochbeet aus alten Ziegelsteinen nun letztendlich verzieren möchte oder ob man es am liebsten „pur“ im Garten stehen hat, ist selbstverständlich dem eigenen Geschmack überlassen. Wer jedoch die Kombination aus alten Ziegeln und Beton reizvoll findet, dem seien an dieser Stelle einige Tipps, Hinweise und Anleitungen gegeben, wie er hierbei vorgehen kann.

Am einfachsten zu integrieren sind jeweils **Objekte, die in etwa die Größe bzw. Höhe der**

Steine haben. Möchte man also eine dekorative Abschlusskante aus Beton gestalten, so bieten sich hier lange, schmale Girlanden oder ähnliche Dekore am ehesten an.

Fündig kann man im Grunde überall werden, ganz egal, ob man nun in einem Geschäft für Inneneinrichtung stöbert, im Internet auf Börsen schaut oder auf Floh- und Antikmärkten sein Glück versucht. Wir fanden unsere schöne Rosengirlande aus Holz auf einem Antikmarkt und sie kostete – mit ein wenig Verhandlungsgeschick – ganze 2 Euro!!

Hinzu kamen natürlich die Kosten für die Abformmasse, was sich allerdings stark relativiert, je nachdem, wie viele Girlanden aus Beton man schließlich hergestellt hat.

Bereits **fertige Gießformen in großer Vielfalt** hält der Fachhandel für den Hobby-Künstler bereit. Die Zementmasse kann in einfache Kunststoffformen gefüllt werden und man erhält ein beliebiges Motiv.

Will man jedoch ein bestimmtes (vorliegendes) **Motiv abformen**, so muss zunächst eine Negativform mit Hilfe dieses Originals erstellt werden. Das geschieht am besten – und besonders detailliert – mit Hilfe von Silikon- oder Kautschukmasse.

Hochwertige Silikonformen entstehen, wenn flüssiges 2-Komponenten-Silikon verwendet wird. Sehr einfach lassen sich Formen auch aus günstigem Baumarkt-Silikon herstellen. Allerdings sind die daraus erstellten Abdrücke weit weniger detailliert als diejenigen aus hochwertiger Silikon-Abformmasse.

Die Formen aus Silikon sind elastisch und können bei guter Pflege mehrfach verwendet werden.

Deko-Objekte aus Beton können kinderleicht in entsprechenden Formen gestaltet werden.

Im Folgenden werden drei Varianten zur Herstellung dekorativer Beton-Elemente vorgestellt.

Variante 1

Am einfachsten ist die Herstellung von Beton-Dekorationen, wenn man bereits eine entsprechende Form besitzt. Man kann diese Formen recht vielfältig im Fachhandel käuflich erwerben. Einfache Kunststoffformen, die man aus der Seifenherstellung oder für Gips kennt, gibt es in Hülle und Fülle, so dass man hier mit Sicherheit etwas Passendes finden wird. Daneben können auch Formen aus Metall (Backformen etc.), aus Silikon, Kautschuk oder Holz zur Anwendung kommen.

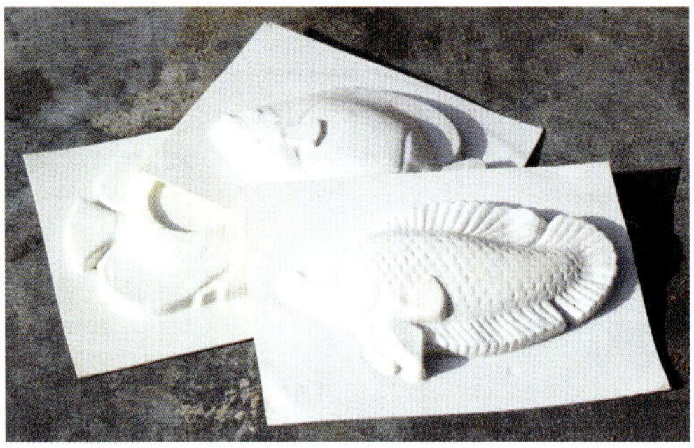

Einfache Kunststoffformen sind vor allem aus der Seifenherstellung oder zur Herstellung von Gipsabdrücken bekannt. Sie eignen sich hervorragend, um darin Betonabdrücke herzustellen.

In großen Muschelschalen können ebenfalls Abdrücke aus Beton erstellt werden.

Schritt 1 Vor der Nutzung wird die Innenseite der Form mit einem Trennmittel benetzt. Dazu eignet sich ein einfaches Speiseöl!

Schritt 2.1 Die Zementmasse wird nach Anleitung angerührt. Man gibt zuerst etwas Wasser in einen Eimer, dann wird der trockene Zement hineingegeben, je nach verwendeter Zementart ...

Schritt 2.2 ... noch etwas Sand hinzugefügt und alles zu einem zähflüssigen Brei verrührt.

Ein zähflüssiger Zementbrei ist entstanden.

TIPP! Geeignete Zementarten

Geeignet für Dekorationen aus Beton sind Beton-Estrich, Garten-Beton, Zementmörtel oder Portlandzement, dem man rund 50 % Sand zugibt.

Schritt 3 Der Zementbrei wird in die eingeölten Formen gefüllt. Diese müssen nun so aufgestellt werden, dass sie in einer exakt waagerechten Lage aushärten können. Am einfachsten geschieht dies, wenn man sie in etwas Sand bettet.

Schritt 4 Vorsichtig aus der Form stürzen. Die schönen Beton-Applikationen können allerlei Gegenstände verzieren, indem man sie etwa mit Mörtel auf einem Gemäuer anbringt. Sie sind allerdings auch für sich alleine schon recht dekorativ.

Selbst dieser naturgetreue Ammonit wurde mit einer einfachen Gießform hergestellt.

Variante 2

Mit Hilfe von „Silikon-Kautschuk-Paste“ wird aus einem Original eine Negativform hergestellt, um in dieser einen Abguss aus Beton zu gestalten. Zum Abformen stehen zwei flache Reliefs bereit. Man benötigt eine entsprechende Menge an Silikonmasse sowie ein Gefäß, in welchem man die Form aushärten lassen kann. Um die Menge der benötigten Silikonmasse zu berechnen, muss zunächst dieses Gefäß vorhanden sein. Da man diesen Behälter nur einmal benötigt, baut man ihn am besten aus stabiler Pappe selbst.

> Mit einer einfachen Rechenformel kann der Inhalt (= Volumen) einer rechteckigen Schachtel berechnet werden:
> **Volumen V = Länge x Breite x Höhe**
>
> Beispiel: 14 cm x 10 cm x 8 cm = 1120 ml
>
> Es werden 1,12 Liter Silikonmasse benötigt!

Schritt 1 Eine kleine Bartmann-Kachel aus Ton sowie ein altes Wappen aus Wachs stehen zur Abformung bereit.

Schritt 2 Zunächst aus Pappe eine Form zuschneiden, in welche das Wappen gut hineinpasst.

Schritt 3 Mit einer Heißklebepistole wird ein Rand aus Pappe auf den Boden geklebt. Alle vorhandenen Lücken müssen verschlossen sein, damit die flüssige Silikonmasse nicht herauslaufen kann!

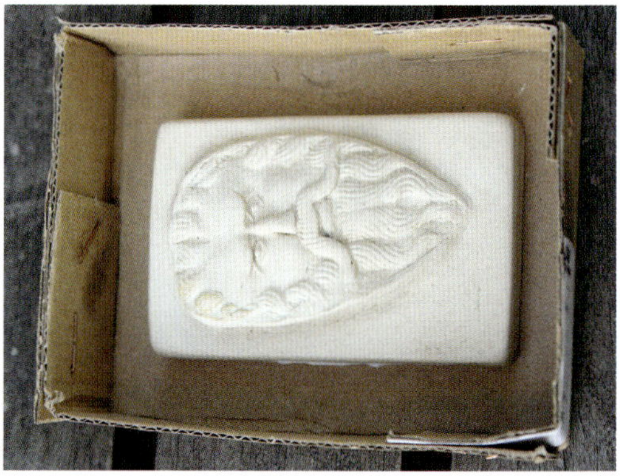

Alternativ kann natürlich auch ein bereits fertiger und von der Größe her passender Karton verwendet werden!

Schritt 4.1 Nun werden die beiden abzuformenden Gegenstände auf dem Kartonboden festgeklebt. Hierzu reicht ein einfacher Alleskleber …

Schritt 4.2 … (alternativ Holzleim) aus. Dadurch soll vermieden werden, dass die Figur während des Aushärtens in der noch weichen Silikonmasse nach oben schwimmt.

HINWEIS! Kontakt mit der Form sicherstellen

Der abzuformende Gegenstand muss während der Aushärtung fest auf dem Boden der Form haften! Dazu wird er mit einem einfachen Alleskleber aufgeklebt.

Die Silikonmasse wird nun nach Vorschrift zubereitet oder, falls wir eine bereits gebrauchsfertige Masse haben, direkt in die Form gegossen. Die Masse sollte eine Füllhöhe von rund 2 cm oberhalb des abzuformenden Gegenstandes haben. Es hat sich bewährt, das Innere der Form vor jedem Beton-Gießvorgang leicht einzuölen. Dadurch wird die Form geschont und der gehärtete Beton lässt sich leichter aus der Form herauslösen. Bereits nach wenigen Stunden sind die Silikonformen ausgehärtet.

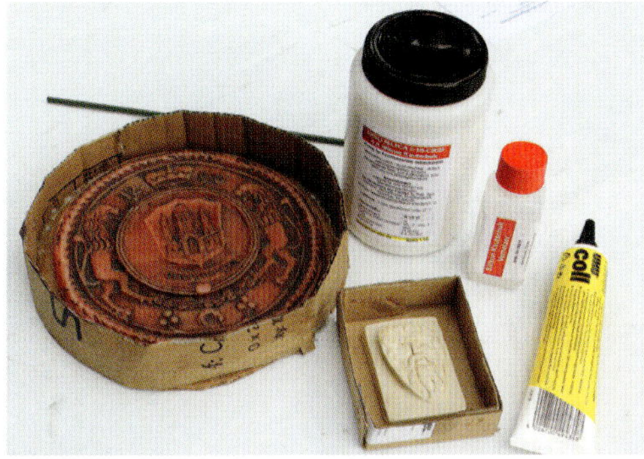

Die beiden Wappen wurden auf den Kartonboden geklebt.

Schritt 5 Das Zwei-Komponenten-Silikon wird vermengt und in die Form gegossen.

Schritt 6 Nachdem das Silikon ausgehärtet ist, wird die Form wieder entfernt. Dazu wird die Pappe aufgeschnitten.

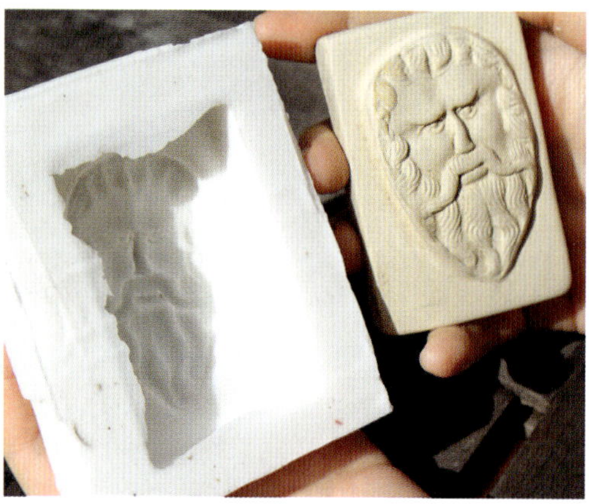

Schritt 7 Vorsichtig die Figur wieder aus der Silikonform herausnehmen.

Schritt 8 Die Ränder der Formen werden sauber ausgeschnitten.

Aus einer Original-Bordüre aus Holz (links) entstand mit Hilfe einer selbst hergestellten Silikonform (Mitte) ein Abdruck aus Beton (rechts). Die Form kann für viele Abdrücke verwendet werden! Sie sollte vor jeder Nutzung eingeölt und nach dem Abdruck gesäubert werden!

Variante 3

Wesentlich preisgünstiger, aber nicht so detailliert kann man vorhandene Deko-Elemente auch mit gewöhnlichem Silikon aus dem Baumarkt abformen.

Und so funktioniert's: Zum Abformen mit Baumarkt-Silikon aus der Tube liegen ein kleines Metallwappen und wiederum die kleine Bartmann-Kachel aus Ton bereit.

Zwei Originale liegen zum Abformen bereit.

Schritt 1 In einer Schüssel wird zuerst etwas Spülmittel in Wasser gelöst, anschließend wird eine ganze Tube Silikon aus dem Baumarkt in das Wasser gegeben.

Schritt 2 Die Silikonmasse wird gut geknetet, damit die Masse eine einheitliche Konsistenz erhält.

Schritt 3 Die Silikonmasse wird auf die Vorderseite der kleinen Keramik wie auch auf das Wappen gedrückt und an den Rändern rundum etwas hochgezogen. Nach einem Tag werden Kachel und Wappen aus der Form geholt und die entstandene Negativform aus Silikon kann sogleich für den ersten Abdruck verwendet werden.

HINWEIS! Aushärten lassen

Die Silikonmasse muss etwa einen Tag lang aushärten, bevor man sie aus der Form entnehmen kann.

Schritt 4 – Dekorativer Abschluss des Steinbeetes

Nun soll das alte Ziegelstein-Hochbeet seine dekorative Abschlusskante bekommen.

Rosenbordüren aus Beton sind inzwischen in ausreichender Anzahl in der selbst gefertigten Silikonform hergestellt worden und liegen zur Verarbeitung bereit. Ebenso werden Steine zum Mauern bereit gelegt, welche die obere Abschlusskante bilden sollen. Idealerweise sind es etwas schmalere Steine, da sie einige Zentimeter weit nach innen eingerückt gemauert werden.

Für die nun folgenden Arbeitsschritte werden außerdem folgende **Materialien** beziehungsweise **Werkzeug** benötigt:

- ein Gefäß zum Anmischen der Mörtelmasse
- Mörtelmasse (Trass-Zementmörtel)
- flexibler Fliesenkleber
- Wasser
- einige Maurerkellen
- Wasserwaage
- Gummihammer

Schritt 4.1 Damit die Beton-Bordüre in etwa bündig mit den Ziegelsteinen abschließt, werden die Ziegelsteine der letzten Reihe ein Stück weit nach hinten eingerückt oder man wählt Steine aus, die etwas schmaler sind als ...

... die anderen Steine, so dass sie trotz des Einrückens auf der Innenseite bündig mit dem restlichen Mauerwerk abschließen. Man stellt die Bordüre prüfend auf diesen kleinen Rand, um zu sehen, ob dieser breit genug ist.

Schritt 4.2 Nun wird eine entsprechende Menge Mörtel auf die Mauer gegeben, der Stein probeweise aufgelegt und die Bordüre wiederum an diesen Stein gehalten, um die Höhe des Steines mit der Höhe der Steinbordüre zu vergleichen. Gegebenenfalls muss noch etwas Mörtel hinzugefügt oder wieder weggenommen werden.

Schritt 4.3 Damit die Rosenbordüre in die Mauer passt, musste der Mörtel etwas dicker aufgebracht werden!

Schritt 4.4 Die abschließende Steinreihe des Hochbeetes wird gemauert.

Rundum wird nun diese letzte Reihe gemauert und die Lage der Steine zwischendurch immer wieder mit einer Wasserwaage und einem Gummihammer korrigiert! Man sieht deutlich, dass die Längsfugen der letzten Steinreihe deutlich dicker ausfallen. Da diese später von der Betonbordüre verdeckt werden, fällt es rein optisch nicht ins Gewicht!

Die Beton-Bordüre wird auf die Ziegelsteine geklebt

Es ist so weit: Die rundum verlaufende Bordüre aus Beton wird als krönender Abschluss des Hochbeetes auf die letzte Ziegelreihe geklebt. Zum Ankleben der Beton-Applikationen wird flexibler Fliesenkleber benötigt, der recht zähflüssig angerührt wird.

Zum Auftragen des Fliesenklebers eignet sich ein Zahnspachtel. Fliesenkreuze sind hilfreich, um die Betonfliesen auszurichten.

Schritt 5.1 Eine ausreichende Menge Fliesenkleber wird auf den Ziegelsteinen verteilt, …

Schritt 5.2 … die erste Bordüre angelegt und leicht angedrückt.

Schritt 5.3 Die Position der ersten Betonfliese wird mit der Wasserwaage überprüft, …

Schritt 5.4 … überschüssiger Kleber entfernt und die Fliesen werden …

Schritt 5.5 … zueinander ausgerichtet, wobei Fliesenkreuze, die man bei Bedarf unter die Fliesen klemmt, hilfreich sind.

Schritt 5.6 Die Fugen rund um die Rosenbordüre aus Beton werden mit Trasszementmörtel verschlossen und …

Schritt 5.7 … im Anschluss mit einem nassen Schwamm geglättet.

TIPP! Winterschutz

Damit die Betonfliesen auch kälteste Winter unbeschadet überstehen, sollte man ihre Oberfläche reichlich mit Tiefengrund (speziell für den Außenbereich!) einpinseln.

Wer keinen Beton mag: Abschlusskante aus Fliesenresten gestalten

Alternativ zur dekorativen Rosenbordüre aus Beton können auch Fliesenreste zu einer attraktiven Abschlusskante verarbeitet werden. Die Vorgehensweise gleicht zunächst der oben beschriebenen: Auch in diesem Fall werden die Steine der letzten Steinreihe vor dem Mauern so weit nach innen eingerückt, dass noch Platz für die Fliesen samt Fliesenkleber vorhanden ist. Dies kann je nach Dicke der Fliesen um wenige Millimeter variieren und sollte vorher gemessen werden. Die Fliesen sollten hinterher bündig mit dem restlichen Beet abschließen!

TIPP! Bastelbedarf

Fliesenreste zum Basteln bekommt man häufig gratis oder für kleines Geld im Fliesenfachgeschäft!

Mit reichlich Fliesenkreuzen werden die Fliesen im weichen Kleber ausgerichtet.

Nach dem Erhärten werden die Fliesenkreuze entfernt und die Zwischenräume mit Fugenmasse oder Trasszement verfugt sowie alle Oberflächen sauber abgewaschen!

Keine Dauerbepflanzung auf neuen Hochbeeten

Vor allem in den ersten Jahren der Nutzung müssen Hochbeete immer wieder neu aufgefüllt werden, da es auf Grund von Zersetzungsprozessen im Beetinnern zu einem Absinken der Pflanzfläche kommt. Auch eine vorhandene Bepflanzung muss zu diesem Zweck entfernt werden.

Wachsen Stauden auf dem Beet, werden diese vorsichtig ausgegraben. Man könnte die Pflanzen nun entweder rund um das Hochbeet auspflanzen und wählt eine neue Hochbeet-Pflanzengemeinschaft für den Standort des Beetes aus oder man setzt dieselben Pflanzen später wieder auf das Beet, ergänzt vielleicht durch weitere Pflanzenschönheiten, die am Standort des Hochbeets gedeihen. Im Falle eines schattigen Standorts wählt man aus der Liste ab Seite 98 weitere passende Schattenpflanzen aus.

Auf dem Hochbeet gedeiht eine Zucchinipflanze.

IMMER EIN BEET IN VORBEREITUNG – DIE KOMPOSTFABRIK

Wer einmal mit dem Hochbeet-Gärtnern begonnen hat, möchte diese Art des Gärtnerns nicht mehr missen. Nicht nur üppige Ernten oder das bequeme Arbeiten in einer angenehmen Höhe sind attraktive Vorteile von Hochbeeten. Auch als Kompostfabrik sind sie quasi unschlagbar.

Vor allem bei Neuanlagen verschwinden über einen längeren Zeitraum Unmengen an Grünabfällen im Inneren der Beete, bevor schließlich eine rund 15 cm dicke Schicht aus guter Erde den oberen Abschluss der Beetfläche bildet.

Es ist daher optimal, immer ein neues Hochbeet in Vorbereitung zu haben. Ältere Weidenbeete, aber auch so manche Beete aus Holz müssen zwischendurch auch immer einmal wieder ersetzt oder neu aufgebaut werden.

Gelegenheiten ergeben sich quasi von selbst: Weiden, Hasel und andere geeignete (biegsame) Gehölzarten werden geschnitten und mit den langen Ruten kann das Geflecht eines alten Beetes entweder repariert oder sogar komplett erneuert werden (siehe hierzu auch im Buch „Das Hochbeet für Gemüse, Kräuter und Blumen“, Leopold Stocker-Verlag).

Ein Traktor muss neu bereift werden und zwei alte Reifen liegen nun nutzlos herum und könnten, übereinander gelegt, ebenfalls als Hochbeet dienen? Es sind nur wenige Dinge dabei zu beachten.

Wenn alte Reifen zu neuem Leben erwachen …

Eine recht stabile Wand für ein rundes Hochbeet ergeben zwei riesige übereinander gelegte Traktorreifen. Damit die Reifen nicht verrutschen, werden sie miteinander verschraubt. Und schon kann das Befüllen des entstandenen Hohlraums beginnen …

Schritt 1 Zwei große Traktorreifen werden übereinandergelegt und miteinander verschraubt.

Schritt 2 Über einen beliebigen Zeitraum wird Grünabfall, bestehend aus Gehölzschnitt, Grasschnitt, Wildkräutern (ohne Wurzelunkräuter!) u. v. m., in das Reifenbeet gefüllt.

Schritt 3 Als Abschluss wird eine mindestens 15 cm dicke Schicht gute Erde eingefüllt.

Im April wächst schon so einiges im Reifenhochbeet: Salate, Petersilie, Erdbeeren und Kohlrabi.

Im Mai/Juni geht's schon so richtig „rund" auf dem Reifenbeet.

GROSSE UND KLEINE VERTIKALE GÄRTEN

GÄRTNERN AN DER SCHUPPENWAND

Auch in vielen kleinen Gärten sowie auf so manchem Balkon könnte weit abwechslungsreicher gegärtnert werden, würde man neben der horizontalen Beetebene auch die Vertikale mit in die Gartengestaltung einbeziehen. Warum nicht einmal eine (ganze) Wand mit Pflanzen gestalten?

Um einen Garten an einer Wand anzulegen, wird zwar ein wenig handwerkliches Geschick benötigt, mit einer guten Anleitung und ein wenig Hilfe kann dies jedoch auch ein Laie hinbekommen.

Wir zeigen Schritt für Schritt, wie aus der Wand eines alten Schuppens ein blühender vertikaler Garten wird, der neben seinen optischen Qualitäten auch so manche Zutat für die gute Küche liefern kann.

Nördliche Himmelsrichtungen sind zu bevorzugen

Da es an einer Wand besonders heiß wird, wenn die Sonne scheint, sollte man Südwände für ein vertikales Wandprojekt generell ausklammern, es sei denn, sie wären von

Bäumen und Sträuchern zum Teil beschattet. **Nordwände** sowie Wände in **Nord-Ost-**, **Ost-** und **Nord-West-Ausrichtung** sind dagegen ideal, um sie mit Pflanzgefäßen zu bestücken und darin Gemüse, Kräuter und Blumen zu kultivieren.

Im hier gezeigten Beispiel befindet sich die Wand für das vertikale Beet-Programm auf der Nordseite eines alten Schuppens.

Die Wand ist recht frei zugänglich und kaum von Bäumen oder Sträuchern umgeben. Sie erhält daher am Morgen sowie am Abend einige Stunden Sonne. Hier gedeihen vor allem Blattsalate hervorragend, aber auch so manche Blütenpflanze mag den geschützten, aber nicht allzu sonnigen Standort.

Ein weiterer Vorteil von eher nordwärts gerichteten Wandgärten besteht darin, dass hier wesentlich weniger oft gewässert werden muss. Topfpflanzen trocknen an heißen Tagen generell schnell aus. Käme dann noch die Lage an einer Wand sowie eine südliche Ausrichtung hinzu, würde es für die dort kultivierten Pflanzen auf Grund zu hoher Temperaturen recht heikel, überhaupt noch zu überleben. Auch dabei hat sich eine nördliche Ausrichtung bewährt und täglich einmaliges Wässern, selbst an heißen Hochsommertagen, reicht meist aus.

Schritt 1 – Sammeln

Bevor eine Wand zu einem vertikalen Garten werden kann, sollte man schon eine gewisse Vorstellung vom angestrebten Endergebnis haben. Schließlich müssen Material wie auch einige dekorative Elemente vorhanden sein.

Nicht alles muss neu angeschafft werden. Besonders dekorative Gegenstände findet man auch auf Floh- oder Antikmärkten sowie beim Schrotthändler.

Gesammelt werden können: alte Blumenkästen aus Holz, Ton, Metall und anderem Material, Körbe, Haken, alte Wachsdecken,

Körbe aus Draht können ebenso gesammelt werden wie auch ...

... Kästen aus Ton und Metall.

alte Bretter, Paletten, Tonkrüge und vieles mehr. Also alles, was man irgendwie an der Wand befestigen und womit ein Lebensraum für Pflanzen geschaffen werden kann.

Ein bestimmtes Deko-Thema festlegen

Rein optisch hat es sich bewährt, wenn man für ein Projekt schon vorab einen ganz bestimmten Deko-Stil festlegt. Beim Aufbau einer vertikalen Wand wäre es sicher nicht so schön, wenn man hier wild und bunt durcheinander dekoriert.

Die verwendeten Elemente sollten auch optisch zueinander passen. Hier ist natürlich der persönliche Geschmack entscheidend. Dennoch kann es nicht schaden, wenn man sich vorab einige Gedanken macht und ein wenig visualisiert, welche Art Wand man kreieren möchte. Man kann sicher schon vorher

Nicht nur Gefäße für Pflanzen sind wichtig, auch die Befestigungen müssen vorhanden sein. Es ist natürlich besonders schön, wenn diese auch optisch zum Stil der vertikalen Wand passen.

Aus alten rostigen Heringen können Befestigungshaken gebogen werden! Perfekte Haken entstehen, wenn die alten Heringe über ein Rundeisen oder ein Rohr gebogen werden.

sagen, ob es eher in Richtung „nostalgischer Charme", „rustikal" oder „schlichte Moderne" gehen soll.

Uns gefielen rostiges Eisen, Ton in klassischen Formen und natürliche Hölzer am besten. Daher haben wir Dinge gesammelt, die ins Themengebiet hinein und gut zueinander passten.

Mit ihrer Hilfe finden nun auch alte Kannen und Krüge einen Platz an der vertikalen Wand. Sind sie groß genug, können auch Pflanzen darin wachsen, wie hier Estragon in einer uralten Milchkanne.

Schritt 2 – Aufräumen und Platz schaffen

Häufig geht einige Zeit ins Land, bis man alle benötigten Materialien für die geplante vertikale Wand zusammengetragen hat.

Diese Wand eines alten Schuppens wurde nur wenig genutzt. Der an die Wand gelehnte Palettengarten lieferte nur noch wenig Grünes für die Küche und verschmutzte zudem die Wand, da zu dieser kein Abstand eingehalten wurde.

Nach dem Aufräumen und Streichen kann die Gestaltung eines vertikalen Gartens sogleich in Angriff genommen werden.

Bevor es jedoch ans Werk gehen kann, sollte das Umfeld ordentlich aufgeräumt werden. Manchmal muss die Wand, die für dieses vertikale Gartenprojekt ins Auge gefasst wurde, zunächst noch renoviert werden. Eine gute Ordnung erleichtert in jedem Fall die reibungslose Durchführung der Arbeiten.

Schritt 3 – Unterkonstruktion aus Holz

Alles, was später an Töpfen, Kästen und anderen Pflanzgefäßen an der Wand untergebracht werden soll, benötigt eine stabile Unterkonstruktion, die, im schönsten Fall, aus einer dekorativen und zugleich langlebigen Holzart aufgebaut wird.

TIPP! Beständiges Holz

Als beständige Holzarten gelten: Eiche, Robinie, Lärche oder auch Douglasie.

Die farbliche Bearbeitung des Holzes ist dabei reine Geschmackssache. Eine Lasur

Schritt 3.1 Einfache Dielen aus Douglasie werden mit einer Holzschutzlasur gestrichen. Lasuren sind in verschiedenen Farbtönen erhältlich.

Schritt 3.2 Drei senkrechte Holzlatten werden an der Wand befestigt. Um möglichst wenige Schrauben in die Wand zu setzen, werden die äußeren Latten nur oben unter dem Dach in einen bestehenden Balken sowie ganz unten im Sockelbereich verschraubt.

macht die Hölzer noch ein Stück weit widerstandsfähiger gegen Witterungseinflüsse. Die ins Auge gefasste Wand für das senkrechte Gartenprojekt wird auf ihre Stabilität sowie Befestigungsmöglichkeiten für das geplante Holzgerüst geprüft. Das Ziel sollte sein, die Wand so wenig als möglich zu beschädigen, wozu auch allzu viele und womöglich unnötige Bohrlöcher gehören. Sind schon stabile Balken vorhanden, ist eine Verschraubung im Holz zu bevorzugen.

Nachdem die senkrechten Latten an der Schuppenwand befestigt wurden, können an diesen beliebig viele Querlatten verschraubt werden, ohne die Wand des alten Schuppens weiter zu beschädigen. So entsteht auch der benötigte Abstand zur Wand, was wiederum deren Verschmutzung auf ein Minimum beschränkt.

Es hat sich bewährt, die Position der Querlatten nicht nur mit einer Wasserwaage zu prüfen, sondern immer auch aus der Entfernung zu schauen, ob das Balkengerüst auch optisch den Anschein einer Symmetrie hat.

Gerade an alten Gebäuden ist selten noch etwas so richtig „gerade“, daher benötigt man schon mindestens zwei Personen zum Bau des Gerüsts, damit ein optisch ansprechendes Ergebnis entstehen kann.

Schritt 3.3 Mit einer Wasserwaage wird die Lage der Balken geprüft, bevor sie endgültig festgeschraubt werden. Man achte darauf, dass die senkrechten Holzlatten etwas Spiel zum Boden haben. Das schützt die Hölzer vor dem Verfaulen.

Schritt 3.4 An drei senkrechten Holzlatten können nun die waagerechten Hölzer befestigt werden (links und links unten).

Schritt 3.5 Alle waagerechten Holzlatten wurden befestigt – das Grundgerüst steht!

Einfache Tontöpfe in Ringen befestigen

Recht preisgünstig sind einfache Tontöpfe, die jeder Baumarkt für kleines Geld anbietet. Es gibt sie in vielen Größen, so dass man sie an vorhandene Halterungen anpassen kann.

Stabile Ringe aus Edelstahl dienen als Halterungen für einfache Tontöpfe. Mit einem Lack werden sie der Optik der Wand-Deko angepasst!

Die Ringe werden an die Querlatten geschraubt, die Töpfe bepflanzt und eingesetzt!

Durch Zufall fielen uns schlichte Ringe aus Edelstahl in die Hände. Sie stammen aus dem Konditorei-Fachhandel und wurden dort als Tortenringe verwendet. Je nach Durchmesser der Ringe werden die Tontöpfe in der entsprechenden Größe angeschafft, so dass hier mit einfachen und kostengünstigen Mitteln recht einfach Pflanzraum in der Vertikalen entsteht.

Selbstverständlich kann man sich ähnliche Ringe bei jedem Schlosser anfertigen lassen. Das ist in der Regel ebenfalls nicht besonders kostspielig!

Duftpelargonien gedeihen auch noch in nördlichen Himmelsrichtungen!

Pflanztaschen selbst gestalten

Zurzeit werden diverse Pflanztaschensysteme auf dem Markt angeboten. Man könnte hier leicht und einfach zugreifen und die fertigen Pflanzsysteme käuflich erwerben, doch finden wir, dass selbst gemachte Pflanztaschen aus Teichfolie oder alten Wachstischdecken viel schöner und auch individueller einsetzbar sind.

Die Herstellung ist nicht schwer. Als Rückwand, zum Befestigen der Taschen, sollen naturbelassene Bretter mit einer natürlich verlaufenden Kante dienen. Die Bretter sehen schön aus und schützen die dahinter liegende Wand vor Verschmutzungen.

Materialliste

- 2 (oder nach Belieben auch mehrere) Bretter als Rückwand
- etwa 2 m² dünne Teichfolie, alternativ eine alte Wachstischdecke
- Hefter (Tacker)
- dünne, rund 1,5 cm breite Holzlatten, etwa 2 m lang

Schritt 1 Als Rückwand für die Pflanztaschen kommen naturbelassene Bretter (= Ranchzaun) mit einer geschwungenen Außenkante zum Einsatz. Sie werden mit einer dunkelbraunen Lasur gestrichen. So passen sie gut zur restlichen Ausstattung der vertikalen Wand.

Schritt 2 Die Bretter werden passend zur Wandhöhe zugeschnitten.

Schritt 3 Die naturbelassenen Dielen werden vertikal an die Querlatten geschraubt.

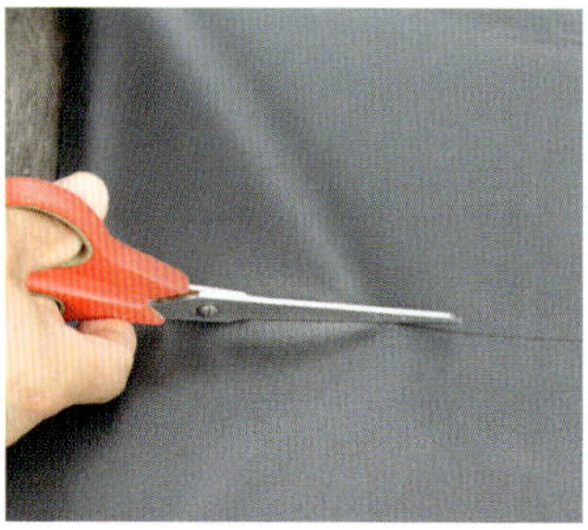

Schritt 4 Für jede Pflanztasche wird ein Rechteck mit den Maßen von etwa 26 cm x 44 cm aus der Folie ausgeschnitten.

Schritt 5 Dieses Folien-Rechteck wird zweimal gefaltet, die spätere Innenseite ist dabei von außen sichtbar (o. u. re.)!

Schritt 6 Jede Tasche wird nun leicht konisch von unten links (etwa 4,5 cm eingerückt) ...

Schritt 7 ... bis zur oberen linken Ecke zugeschnitten.

Schritt 8 Nun wird die Tasche einmal aufgefaltet, so dass sie nur noch einfach übereinander gefaltet auf dem Tisch liegt. Die Öffnung zeigt nach oben. Die seitlichen Ränder werden nun mit einem Hefter auf einer Linie zusammengefügt.

Schritt 9 Anschließend werden die oberen Ecken noch etwas gerundet.

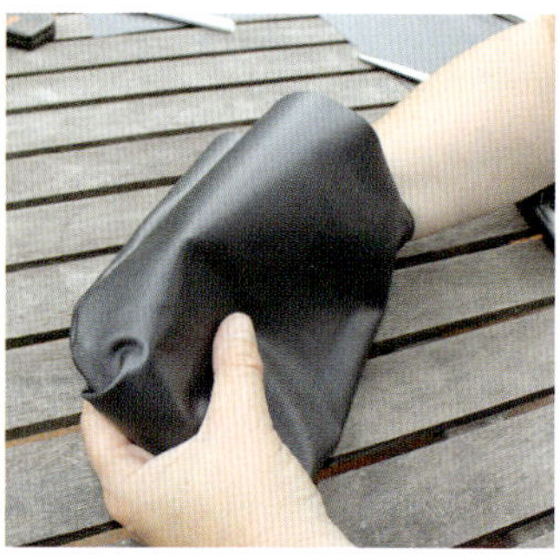

Schritt 10 Nun wird die Tasche „auf links" gedreht, so dass die matte Seite ...

... nach außen zeigt. Die „Naht" aus Heftklammern bleibt so unsichtbar.

Schritt 11 Die Ranchzaun-Balken (Rückwände) werden ihrer Länge nach gemessen und die Abstände zwischen den einzelnen Pflanztaschen festgelegt, so dass wir nun auch wissen, wie viele von ihnen wir anfertigen müssen. Nun werden aus der schmalen Holzleiste ebenso viele kurze Teilstücke ...

Schritt 12 ... gesägt, wie viele Taschen wir angefertigt haben. Mit deren Hilfe werden die Taschen an die Rückwand geschraubt. Durch diese Holzleisten halten sie wesentlich mehr Gewicht aus, denn es muss noch einiges an Erde in die Taschen gegeben werden, damit die Pflanzen gut darin gedeihen.

Der Anbau von Salat funktioniert am besten an einer nordwärts gerichteten Wand.

Shabby-Blumenkästen aus alten Paletten selbst gestalten

Schicke Blumenkästen im angesagten „Shabby"- oder „Vintage"-Style bringen trotz des bewusst auf alt getrimmten Aussehens etwas Freches und durchaus Modernes an die vertikale Wand. Der rustikale Shabby-Look passt ganz wunderbar auch zu altem Eisen sowie nostalgischer Keramik.

In den Kästen gedeihen Salat und Gemüse wie auch bunte Blumen gleichermaßen.

Auf Alt getrimmte „Shabby"-Pflanzkästen sind zurzeit „in".

Materialliste

- Holzreste und/oder ein bis zwei alte Paletten
- Vintage-Dekor-Farbe auf Kreidebasis
- Acryllack in einer Kontrastfarbe, z. B. in Weiß, seidenmatt
- Pinsel, Schaumstoffrolle
- Schmirgelpapier

Schritt 1 – Zwei Kästen werden gezimmert

Die Paletten können im Ganzen verwendet werden oder man zerlegt sie mit Hilfe eines Brecheisens in ihre einzelnen Bestandteile, so dass man die Bretter ganz neu zusammenfügen kann. Schneller und einfacher funktioniert der Bau der Pflanzkästen jedoch, wenn die benötigten Bauteile aus der bestehenden Palette herausgesägt werden.

Schritt 1.1 Mit einer Kreis- oder Stichsäge werden die Grundgerüste der Kästen aus einer alten Palette herausgesägt.

Schritt 1.2 Die Rückwand des Blumenkastens wird aus der Palette gesägt.

Schritt 1.3 Holzreste werden so aufgeschraubt, dass ein Pflanzraum entsteht.

Schritt 1.4 Die seitlichen Brettchen werden mit Nägeln befestigt.

Schritt 1.5 Auch auf der Rückseite wird ein dünnes Brett im Bereich des Pflanzkastens angebracht, damit die Pflanzerde nicht aus dem Kasten herausfällt.

Schritt 1.6 Nun werden alle Oberflächen schön geglättet. Das kann mit einem groben Schmirgelpapier, einem Schmirgelschwamm oder einem elektrischen Winkelschleifer geschehen. …

… Der Winkelschleifer kann jedoch nur auf größeren Flächen sowie an den Kanten zum Einsatz kommen. An schwer zugänglichen Flächen wird per Hand gearbeitet. Das ist weit weniger Arbeit, als man vielleicht meint und recht schnell erledigt.

Schritt 2 – Der Anstrich: „Shabby" ist gerade sehr angesagt

Der zweite Kasten wird gezimmert. Beide Kästen sollen nun den charakteristischen Shabby-Charme erhalten, indem zunächst alle sichtbaren Holzoberflächen glatt geschmirgelt, anschließend spezielle Farben aufgetragen werden.

Selbst, wenn der rechte „Shabby-Pinselschwung" erst noch erlernt werden muss, kann dennoch gleich beschwingt losgelegt werden: Falls etwas nicht gefällt, wird es einfach mit weißer Farbe überstrichen und nach einer Trockenphase neu bemalt. Mehrere Farbschichten übereinander sind schließlich ebenfalls ein Indiz für den Shabby-Look. Manchmal erreicht man gerade hierdurch interessante Shabby-Effekte, wenn durch späteres Schmirgeln alte Farbuntergründe wieder zum Vorschein kommen.

Meist kombiniert man für einen Shabby-Effekt zwei Kontrastfarben miteinander, also Weiß mit Braun, Dunkelgrün etc. oder auch helles Beige mit Dunkelbraun oder ganz helles Grau mit Anthrazit usw. … Welche Farben man schließlich wählt, bleibt dem eigenen

Schritt 2.2 Als erster Anstrich wird ein weißer Acryllack aufgerollt oder gepinselt beziehungsweise auch in beiden Techniken gearbeitet. Auf großen Flächen ist man mit der Rolle schneller wie auch sparsamer.

Schritt 2.1 Aus der restlichen Palette wird ein zweiter identischer Kasten gezimmert und bemalt!

Geschmack überlassen. Man darf gerne ein wenig experimentieren.

TIPP! Lackalternative

Statt Lack kann für den ersten Anstrich auch eine weiße Vorstreichfarbe verwendet werden.

Ist der weiße Anstrich des Blumenkastens getrocknet, wird eine spezielle Vintage-Farbe auf Kreidebasis aufgetragen. Es gibt diese Farben im Fachhandel für Künstlerbedarf und auch in einigen Baumärkten oder Bastelläden sowie auch auf Internet-Portalen.

HINWEIS! Trocknen lassen

Vor jedem neuen Anstrich muss die zuvor aufgetragene Farbe gut getrocknet sein!

TIPP! Üben

Ist man allzu unsicher, kann der richtige „Shabby-Pinselstrich" auch auf der Rückseite des Kastens geübt werden, bevor man den restlichen Kasten anstreicht.

Schritt 2.3 Der Pinsel wird nur kurz in die Farbe getaucht, dann auf alter Zeitung abgestrichen, so dass nur noch sehr wenig Farbe an seinen Borsten haftet.

Schritt 2.4 Wird er nun über das grobe Holz geführt, hinterlässt er nur wenige zarte Striche. Meist bildet die Farbe auch Maserungen im Holz ab, was erwünscht ist und besonders apart wirkt.

Schritt 2.5 Es entsteht der sogenannte „Shabby-Effekt".

Schritt 2.6 Mit Winkeleisen und Abstandshaltern können die Shabby-Blumenkästen variabel an den Querleisten der Wand aufgehängt werden.

An den Querleisten der Schuppenwand befestigte Schnüre aus Kokosfaser dienen Erbsen und anderen Rankgewächsen als Kletterhilfe.

ABWECHSLUNGSREICHES GESTALTEN MIT TOPF-PYRAMIDEN

Diese Pyramiden machen schon beim Aufbau Spaß! Und wachsen können hier später kleine Blumen, Kräuter oder hübsche Sukkulenten. Platz sparend werden die Töpfe auf eine Stange „gefädelt“, die Höhe kann hierbei beliebig gewählt werden. Voraussetzung ist ein ausreichend großes Loch im Topfboden und eine stabile Stange, die gut im Boden verankert ist.

Topf-Pyramiden in verschiedenen Ausführungen sind immer eine witzige Pflanz-Idee.

So wird's gemacht

Bevor mit dem Bau der Pyramiden begonnen werden kann, werden Töpfe in unterschiedlichen Größen gesammelt. Voraussetzung ist ein ausreichend großes Loch im Topfboden. Gegebenenfalls muss dieses noch nachträglich in den Boden gestanzt oder gebohrt werden. Weiterhin wird eine lange und stabile Stange benötigt sowie ein großer Hammer zum Einschlagen in den Boden.

Schritt 1 Zueinander passende Töpfe in unterschiedlichen Größen werden gesammelt. In den Topfboden werden genau mittig Löcher gestanzt oder gebohrt.

Schritt 2 Eine stabile Stange (Gewindestange) wird in den Boden eingeschlagen, bis sie einen festen Halt bietet.

Schritt 3 Auf diese Stange werden der Reihe nach die Töpfe aufgefädelt. Man lässt die Töpfe abwechselnd nach rechts und links zur Seite fallen. Der obere Topf liegt jeweils auf dem Rand des darunter liegenden Topfes auf.

Schritt 4 Nun wird Erde in die Töpfe gefüllt …

Schritt 5 … und die Töpfe werden beliebig bepflanzt.

Die kleinen Pflanztöpfe trocknen im Sommer recht schnell aus, daher sollte man ein Substrat wählen, welches die Feuchtigkeit besonders lange halten kann. Eine besonders gehaltvolle Erde, die nicht so schnell austrocknet, ist „Terra Preta“, deren Herstellung auf Seite 89 beschrieben wird.

Ob man nun ein bestimmtes Pflanzthema für die Pyramide wählt oder die Töpfe kunterbunt bestückt, ist Geschmackssache. Vorstellbar wären „Kräuter-Pyramiden“, „Hauswurz-Pyramiden“ oder „Salat-Pyramiden“.

Die fertigen Pyramiden

Wessen Pyramide ist die schönste?

Wie wäre es mit einem kleinen Wettbewerb: Die höchste oder, vielleicht besser, die schönste Pyramide wird gesucht. Denn man sollte mit der Höhe der Topfreihe auch nicht übertreiben, wenn man sie auf einer Stange in die Höhe wachsen lässt.

Zum einen muss die Standsicherheit einer solchen Pflanzenpyramide gewährleistet sein, zum anderen muss man zum Gießen und Ernten noch heranreichen, zum Dritten sollte hier auch der ästethische Aspekt berücksichtigt werden, denn die verwendeten Töpfe sollten in Größe, Material und Aussehen zueinander passen, damit aus der Topf-Pyramide ein optisches Garten-Highlight werden kann.

Darf es noch etwas höher sein ...?

DER KISTENGARTEN

Kleine, einfache Sperrholzkisten hat fast jeder vorrätig, falls nicht, so bekommt man sie mit Sicherheit beim Einzel- oder Großhändler. Oftmals werden im Winterhalbjahr Mandarinen darin angeboten, so dass man sie auch einfach selbst sammeln kann.

Nun ist die Kreativität des Einzelnen gefragt, denn aus den kleinen Kisten können wunderschöne kleine Gärten in vertikaler Ausrichtung gestaltet werden. Wenn man sie von außen lasiert oder lackiert, wirken die Kisten gleich etwas hochwertiger. Sie können nun zu allen nur erdenklichen Bauwerken übereinander gestellt werden. Voraussetzung ist die Standfestigkeit der Kistenbauten.

TIPP! Haltbarer machen

Vor dem Befüllen mit Pflanzsubstrat kann eine dünne Folie in die Kisten eingelegt werden! Dann halten die Kisten aus Sperrholz unter Umständen etwas länger als nur eine Saison.

Schritt 1 Die hellen Kisten aus einfachem Sperrholz bekommen einen Anstrich mit …

… dunkelbrauner Lasur, so dass sie gleich viel hochwertiger aussehen.

Schritt 2.1 Nun kann mit den Kisten experimentiert werden, so dass sie einerseits in die Höhe wachsen und dabei gleichzeitig Pflanzraum für Gemüse, Kräuter oder Blumen entsteht.

Schritt 2.2 Wichtig ist ein sicherer Stand. Man sollte die Kisten daher entweder mit einer Gewindestange im Boden verankern (bei einem spiralförmigen Aufbau, indem man die Kisten auf diese Stange steckt) oder sie ggf. mit einigen Heringen im Boden verankern.

Schritt 3 In die Kisten können Salat, Blumen oder Kräuter gepflanzt werden.

Stellt man den Kistengarten vor eine Wand, sollte hier ein Abstand eingehalten werden, um die Wand nicht unnötig zu verschmutzen.

Kräuter und Sprossen im freistehenden Kistengarten

Uns gefiel am Ende doch die würfelartige freistehende Variante des Kistengartens am besten. Der Vorteil des freistehenden Gärtchens gegenüber einer Anlehnung an eine Wand besteht auch darin, dass man dessen Standort frei wählen kann. Platziert man den Kistenbau so, dass er von oben wie auch von allen Seiten her offen zugänglich ist, etwa auf einer Wiese, kann ungehindert Sonne und Regen auf die mit Substrat gefüllten Kisten einwirken, was den darin kultivierten Pflanzen zugute kommt.

HINWEIS! Regelmäßig gießen

Die geringe Substratmenge sowie die exponierte Lage der Mandarinenkisten sorgen für eine rasche Verdunstung, so dass der Kistengarten praktisch täglich gewässert werden muss. Die Verwendung von Terra Preta (siehe Seite 89) ist sinnvoll, da diese besondere Erde ein sehr hohes Feuchtigkeitsspeichervermögen hat.

Am einfachsten funktioniert der Aufbau, wenn man die Kisten zuvor randvoll mit Pflanzsubstrat füllt und sie dann paarweise und jeweils quer zum vorherigen Kistenpaar übereinander stapelt.

Auf der Südseite des Kistengartens gedeihen vor allem wärmeliebende Pflanzen, wie etwa Gurken. In die restlichen Fächer wurden Kräuter (Dill, Kerbel, Rucola), Feldsalat, Kresse und Sprossen (Alfalfa, Radieschen) gesät. In der obersten Kiste erhielt der Kistenbau einen Schopf aus Schnittlauch.

Im Kistengarten gedeihen Blumen wie auch viel Vitaminreiches.

ÜPPIGE KRÄUTERERNTEN AUS DEM SÄULENGARTEN

Es gibt unzählige Möglichkeiten, auf einer vertikalen Ebene Pflanzen zu kultivieren. Ob man nun Kästen oder andere Gefäße an einer Wand anbringt, mit Kisten oder Paletten einen vertikalen Garten gestaltet oder in alten Fässern gärtnert, spielt keine Rolle, wenn es den Pflanzen gut geht, die Ernten üppig sind und unsere vertikale Gartenwelt uns immer wieder aufs Neue begeistert.

Doch manchmal möchte man auch ganz neue Wege gehen, strebt man an, im Garten Räume zu erschaffen, die einem noch nie zuvor begegnet sind, möchte kreativ sein und vielleicht auch Nachbarn und Besucher mit einer neuen Gestaltung verblüffen.

Diverse Pflanzsäulen im Garten aufstellen

Wenig genutzte Rasenflächen können mit einer begrünten Pflanzsäule aufgewertet werden. Für uns war die Gestaltung einer hohen Pflanzsäule unter Verwendung von Heu absolutes Neuland und wir waren daher umso überraschter, dass deren Bau gleich auf Anhieb ganz wunderbar funktioniert hat.

Natürlich macht man sich vor jedem neuen Gartenprojekt ein paar Gedanken, stellt ggf. eine Liste mit benötigten Gegenständen zusammen, fertigt eine kleine Skizze an und schaut sich im Garten nach einem geeigneten Ort für das geplante Projekt um.

Die schmale Heusäule passt noch in die kleinste Gartenecke. An Material benötigt man ebenfalls nicht viel.

Materialliste

- Ein Vorschlaghammer, eine Drahtschere und etwas Schnur sowie dünner Draht waren bereits vorhanden.
- Eine Estrichmatte bekommt man in jedem Baumarkt,
- ebenso drei bis vier dünne Pfähle zum Stützen der Säule.
- Einen kleinen Heuballen bekamen wir bei einem Hobby-Landwirt im Nachbarort.
- Zu guter Letzt sollte die Heusäule einen Kern aus guter Muttererde enthalten. Eine Schubkarre davon sollte ausreichen.

Ein besonders gehaltvolles und feuchtigkeitsspendendes Substrat ist „Terra Preta“, dessen Herstellung auf Seite 89 ff. beschrieben wird.

Aus einer Estrichmatte, dünnen Holzpfählen und Heu wird eine hohe Pflanzsäule gestaltet, die in jeder noch so kleinen Gartenecke Platz findet.

Dünnen Bindedraht und eine Zange benötigt man, um die Estrichmatte an ihren Enden zu einer Rolle zusammenzubinden.

HINWEIS! Am Standort bauen

Man legt die Estrichmatte schon vor dem Füllen so auf den Boden, dass sie später nach dem Aufrichten gleich am festgelegten Standort steht!

Nachdem die Estrichmatte mit einer ausreichend dicken Schicht Heu ausgelegt wurde, wird die Muttererde darauf verteilt. Maurerschnur eignet sich am ehesten zum Zusammenschnüren der Säule.

Diese Schnur wird an den gegenüberliegenden offenen Enden der Estrichmatte im Zickzack eingefädelt, so dass sich diese durch Zug von einem Ende her zu einer Rolle zusammenfügen lässt. Man muss hier schon recht fest ziehen und die Hilfe einer zweiten Person ist hierbei hilfreich. Mit kleinen Drahtstücken werden die beiden offenen Enden der Estrichmatte auf der gesamten Länge zusammengebunden. Erst wenn die Säule sorgfältig fixiert wurde, kann sie zu zweit aufgerichtet werden.

Schritt 1 Die Estrichmatte wird auf dem Boden ausgebreitet und schon ein wenig in Form gebogen, dann werden dicke Lagen Heu darauf verteilt.

Schritt 2 In die Mitte der mit Heu belegten Estrichmatte wird guter Mutterboden gegeben.

Schritt 3 Die Erde wird gut festgedrückt und anschließend mit einer weiteren Lage Heu abgedeckt.

Schritt 4 Eine Schnur wird an einer Ecke der Gittermatte befestigt …

Schritt 5 ... und dann im Zickzack durch die Stäbe der beiden offenen Seiten der Matte geführt, ...

Schritt 6 ... so dass man diese nun durch Zug von einem Ende her zu einer Rolle zusammenziehen kann. Bei diesem Vorgang ist eine zweite Person nützlich!

Schritt 7 Mit kleinen Drahtstücken werden die offenen Enden der Estrichmatte zusammengebunden. Man legt den Draht diagonal um die Gitterfelder der Matte und dreht die Drahtenden dann gut fest. Diesen Vorgang nennt man auch „rödeln".

Schritt 8 Aus der Estrichmatte wurde eine gleichmäßige Heurolle mit erdigem Inhalt geformt!

Zwei Stützpfähle werden mit einem Abstand von rund 25 cm dort in den Boden geschlagen, wo sich nach dem Aufrichten der Säule deren Rückseite befinden wird. Sie sollten ausreichend tief in den Boden getrieben werden, so dass sie das Gewicht der Säule sicher abstützen können!

Der dritte Pfahl wird erst nach dem Aufrichten der Säule auf deren Vorderseite eingeschlagen. Die gesamte Säule hat damit von drei Seiten eine Stütze erhalten und sollte damit ausreichend vor dem Umstürzen geschützt sein.

Für die Krone der Säule eignen sich Pflanzen mit überhängenden Trieben im Besonderen, für den Fuß der Säule vor allem Pflanzen, deren Triebe nach oben ranken. Sie können das Gitter der Säule als Kletterhilfe nutzen. Siehe hierzu auch in den nachfolgenden Pflanzenlisten!

Schritt 9 Zwei stützende Pfähle werden auf der Rückseite der Säule in den Boden eingeschlagen. Die Heusäule wird aufgerichtet.

Schritt 10 Im vorderen Bereich wird ein weiterer Pfahl eingeschlagen …

Schritt 11 … und die Säule zusätzlich mit Draht daran befestigt. Dadurch wird die hohe Säule standsicher sowie auch sturmfest!

Schritt 12 Ganz oben wird noch etwas gute Erde eingefüllt, damit die Säule eine schöne Pflanze als Bekrönung erhalten kann.

Schritt 13 Hübsch ist ein blühender „Kopf" für die Heusäule, evtl. auch eine Pflanze, die überhängende Triebe bildet (siehe dazu auch in der Liste auf Seite 75).

Schritt 14 Nun geht es ans Bepflanzen der restlichen Säule. Zuerst wird ein Loch in das Heu gebohrt …

Schritt 15 ... und die Pflanze samt Wurzelballen hineingedrückt. Zum Angießen drückt man die (schmale) Tülle einer Gießkanne etwas oberhalb der Wurzel in das Heu und lässt das Wasser ins Innere der Säule rinnen. Abschließend wird noch etwas Heu als Abdeckung der frisch gesetzten Pflanzen hinter die Gitterstäbe der Estrichmatte gesteckt und es entsteht sogleich ein optisch ansprechendes Bild.

Pflanzen, deren Triebe nach oben ranken

- **Schwarzäugige Susanne** (*Thunbergia alata*)
- **Gurken** (*Cucumis sativus*)
- **Kürbisse** (*Cucurbita* sp.)
- **Erbsen** (*Pisum sativum*)
- **Stangenbohnen** (*Phaseolus* sp.)
- **Geißblatt-Arten** (*Lonicera* sp.)
- **Pfeifenwinde** (*Aristolochia macrophylla*)
- **Clematis-Arten** (*Clematis* sp.)
- **Efeu-Arten** (*Hedelix* sp.)
- **Wilder Wein** (*Parthenocissus* sp.)
- **Hopfen** (*Humulus lupulus*)
- **Wein-Arten** (*Vitis* sp.)
- **Kletterhortensie** (*Hydrangea petiolaris*)
- **Mini-Kiwi** (*Actinidia arguta*)
- **Blauregen-Arten** (*Wisteria* sp.)
- **Scheinrebe** (*Ampelopsis brevipedunculata*)
- **Kapuzinerkresse** (*Tropaeolum majus*)
- **Kletterrosen** (*Rosa* sp.)

Die Kletterhortensie sucht sich ihren Weg nach oben.

Schwarzäugige Susanne wächst stets nach oben.

Winterhartes Bohnenkraut bildet dagegen dichte, überhängende Polster (siehe Liste Seite 75).

Einige Minze-Arten gedeihen auch in Töpfen, über deren Rand die langen Triebe malerisch herüberhängen.

Das Süßkraut bildet wunderschöne lange Triebe, die bogig über den Topfrand hinabhängen.

Die Polster-Glockenblume bildet mit der Zeit regelrechte Teppiche und eine reiche Blütenpracht.

Thymian schaut gerne über den Topfrand.

Pflanzen, deren Triebe überhängen

- **Efeu-Arten** (*Hedelix* sp.)
- **Petunien** (*Petunia* sp.)
- **Süßkraut** (*Phyla dulcis*)
- **Winterhartes Bohnenkraut** (*Satureja montana*)
- **Weihrauch** (*Boswellia* sp.)
- **Pfennigkraut** (*Lysimachia nummularia*)
- **Hängegeranien** (*Pelargonium peltatum*)
- **Fuchsien-Arten** (*Fuchsia* sp.)
- **Schneeflockenblume** (*Sutera cordata*)
- **Japanischer Straußenfarn** (*Matteuccia orientalis*)
- **Buschklee** (*Lespedeza thunbergii*)
- **Kalifornischer Flieder** (*Ceanothus thyrsiflorus*)
- **Kapuzinerkresse** (*Tropaeolum majus*)
- **Blaukissen-Arten** (*Aubrieta* sp.)
- **Tripmadam** (*Sedum reflexum*)
- **Drahtstrauch** (*Muehlenbeckia* sp.)
- **Hängetomaten**, z. B. 'Tumbling Tom Red'
- Einige **Minze-Arten** (*Mentha* sp.)
- **Polster-Glockenblume** (*Campanula postarskyana*)
- **Thymian** (*Thymus* sp.)

Die Schneeflockenblume stammt aus Südafrika.

Gurkenpflanzen, deren Triebe in die Höhe ranken, eignen sich hervorragend zum Begrünen einer Heusäule (oben). Man kann die Ranken zunächst mit Klammern an der Estrichmatte befestigen, bis sie sich eigenständig an den Stangen der Estrichmatte festhalten (unten).

HINWEIS! Nachfüllen

In den ersten Wochen nach Errichtung der Heusäule sackt der erdige Inhalt immer wieder nach unten. Man sollte daher noch etwas Erde und Heu vorrätig haben, um von oben her aufzufüllen. Es macht Sinn, die Bepflanzung der Säule erst vorzunehmen, wenn dieser Prozess halbwegs abgeschlossen ist.

An einer Heusäule hat sich die Kultur vieler Pflanzen bewährt. Das Heu legt sich hierbei schützend über das Erdreich, reichert die Erde im Inneren mit der Zeit durch seine Zersetzung mit Nährstoffen an, verhindert die Verdunstung von Gießwasser und lässt die Sonnenstrahlen ungehindert an die Pflanzen herankommen, so dass hier mit üppigem Wuchs zu rechnen ist. Darüber hinaus ist eine begrünte Säule in jedem Fall auch ein wunderschöner Blickfang in jedem Garten.

Die Kombination aus Heu und Pflanzen ist vor allem im Spätsommer eine schöne Dekoration für alle Erntedank-Festlichkeiten!

Natürlich kann auch rund um die Säule direkt ins Erdreich gepflanzt werden. Rankende Gewächse erobern die mit Draht umwickelte Heusäule im Nu. Anfangs kann man den Ranken mit Klammern noch etwas Halt geben oder man flicht deren Triebe vorsichtig in das Drahtgerüst hinein.

Wenn es aus Baumstämmen sprießt ...

Damit die oben beschriebene Heusäule nicht so verlassen im Garten stand, reifte die Idee recht schnell heran, ihr nicht minder imposante Begleiter zu beiden Seiten zu stellen.

Kräftige Baumstämme sollten hochkant auf einer leicht gebogenen Linie rechts und links der Heusäule platziert werden, so dass ein schönes vertikales Ensemble entstand,

Schritt 1 Drei kräftige Holzstämme liegen im Garten.

sowie Platz für lichthungrige Kräuter, die entlang der vertikalen Elemente kultiviert werden konnten.

Eine wunderbar gerade gewachsene Lärche lag schon seit einiger Zeit im Staatswald des Windecker Ländchens und schien förmlich auf unser Gartenprojekt zu warten. Nach Absprache mit dem Förster des Reviers sowie dessen tatkräftiger Unterstützung wurde der Stamm in drei Teile zersägt und mit vereinten Kräften in unseren Vorgarten verfrachtet.

Die drei Stämme werden auf zwei unterschiedliche Weisen für eine Verwendung als Pflanzensäule präpariert. Der kräftigste Stamm sollte **Pflanznischen** erhalten, in welche kleine Pflanztöpfe hineingesetzt werden können.

Je nach Anzahl der Pflanznischen werden Markierungen auf dem Stamm gemacht, damit die Nischen gleichmäßig auf der Vorderseite des Stammes verteilt sind. Die Aushöhlungen sollten möglichst auf einer exakt senkrechten Linie platziert sein. Man könnte sie natürlich auch versetzt anbringen, aber das ist Geschmackssache und kann jeder für sich selbst entscheiden.

Wir haben **beschlossen**, lediglich zwei Nischen auf einer geraden Linie anzuordnen, da die Oberfläche des Stammes in seiner Schönheit noch erkennbar sein sollte.

Die anderen beiden Stämme sollen dekorativ **mit Stricken umwickelt** werden, wozu sich Kokosschnur bestens eignet. An den eng um den Stamm gelegten Schnüren können Haken befestigt werden, so dass hier weitere Möglichkeiten entstehen, Pflanztöpfe, Körbe oder Kisten entlang der Stämme zu befestigen, die, hübsch bepflanzt, einen weiteren vertikalen Garten ins Leben rufen.

Zusätzlich können seitlich am Stamm dünne Drähte angebracht werden, damit rankende Gewächse den Baumstamm auch von seiner Basis her erobern dürfen.

Schritt 2 Mit einer handlichen Kettensäge wird die Nische ausgesägt.

Schritt 3 Dazu schneidet man in einem Karree dünne Streifen in den Stamm, …

Schritt 4 … so dass man das Holz scheibchenweise mit Hilfe einer Axt und eines Hammers herausstemmen kann.

Schritt 5 Anschließend wird die Nische mit Hammer und Meißel noch etwas weiter ausgehöhlt.

Schritt 6 Zwei Nischen sind gleichmäßig verteilt auf der Oberfläche des Baumstammes herausgeschnitten worden. Nun kann der Stamm mit Hilfe von zwei Personen aufgerichtet werden.

Schritt 7 Um ein Umkippen der Baumstämme zu verhindern, werden jeweils zwei schmale Pfähle auf der Rückseite jedes Stammes in den Boden eingeschlagen sowie ein Pfahl auf der Vorderseite. Der Pfahl auf der Vorderseite wird aus optischen Gründen etwas tiefer in den Boden getrieben und ggf. auch noch ein Stück weit abgesägt.

Schritt 8 Die anderen beiden Stämme werden ebenfalls von zwei kräftigen Personen aufgerichtet und durch Holzpfähle rundum gesichert.

Drei massive Baumstämme stehen nun – zu beiden Seiten der Heusäule – auf einer leicht gebogenen Linie und verströmen schon jetzt eine Atmosphäre, wie man sie normalerweise an spirituellen Orten vorfindet. Die Wärme des rötlichen Lärchenholzes trägt ebenfalls dazu bei, dass hier ein Ort der Geborgenheit und im besten Fall sogar ein „Kraftort", also ein Ort zum Krafttanken, entstanden ist.

TIPP! Stützpfähle erneuern

Der Säulengarten kann viele Jahre im Garten stehen. Gelegentlich sollte man jedoch die Stützpfähle erneuern, damit die Stämme nicht umfallen können!

Obenauf können beliebig Topfpflanzen auf die Stämme gestellt werden. Dazu wählt man am besten Pflanzen aus, deren Triebe dekorativ herabhängen, siehe dazu auch in der Liste auf Seite 75.

Schritt 9 Die Stämme rechts und links der Heusäule werden dekorativ mit Stricken aus Kokosfaser umwickelt. Die Kordel sollte eng anliegen, sich mehrfach überkreuzen und fest auf der Rückseite verknotet werden, damit später kleine, bepflanzte Blumentöpfe daran befestigt werden können.

Schritt 10 Um rankenden Gewächsen die glatten Flächen der Baumstämme als Lebensraum zu erschließen, können Drähte entlang des Stammes gespannt werden. Dazu werden einfach oben und unten Nägel in das Holz geschlagen, der Draht daran befestigt und mit einem kleinen Abstand zum Stamm gespannt.

Die Schwarzäugige Susanne macht sich sogleich auf den Weg nach oben.

Efeu bildet lange Triebe, die sowohl in die Höhe klettern als auch nach unten hängen.

Es grünt und blüht im Säulengarten.

Bestens versorgt: Pflanzen in einer Komposttonne.

ERDBEERTONNE MIT KOMPOST-VERSORGUNGSROHR

Eine wunderbare Möglichkeit, Erdbeeren ertragreich auf kleinstem Raum zu kultivieren, stellt eine mit Erde gefüllte und seitlich mit Pflanzöffnungen versehene Kunststofftonne dar.

Als weitere Besonderheit erhält das Fass ein gelochtes Kunststoffrohr in dessen Mitte, durch welches die Pflanzen beständig mit neuen Nährstoffen versorgt werden.

Die Herrichtung eines solchen Fasses ist recht unkompliziert und rasch erledigt. Eine Kunststofftonne ist schnell und preisgünstig besorgt, das benötigte Material ebenfalls.

Durch den fortlaufenden Verrottungsprozess kann getrost auf jeden anderen Dünger verzichtet werden und Küchenabfälle werden einer sinnvollen Verwendung zugeführt. So macht Gärtnern Spaß!

Materialliste

- 1 Kunststofftonne in beliebiger Größe
- 1 Kunststoffrohr mit Abdeckkappe
- gehaltvolle Erde zum Befüllen der Tonne

Benötigtes Werkzeug

- Bohrmaschine mit verschiedenen Aufsätzen
- Heißluftfön
- Stichsäge

Beliebige Fässer aus Kunststoff lassen sich mit wenigen Handgriffen in ein ertragreiches Vertikalbeet verwandeln.

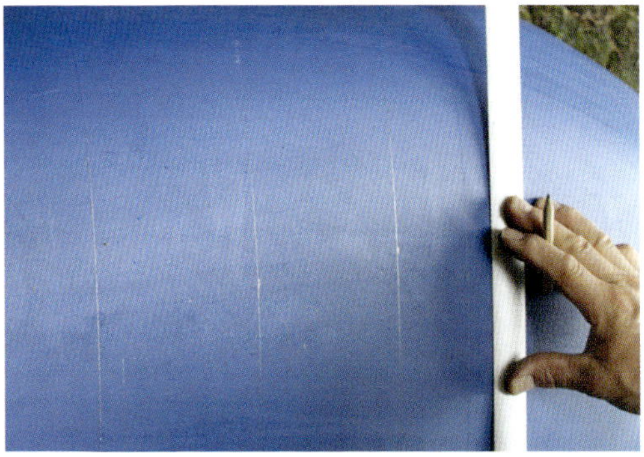

Schritt 1 Die Tonne wird vermessen.

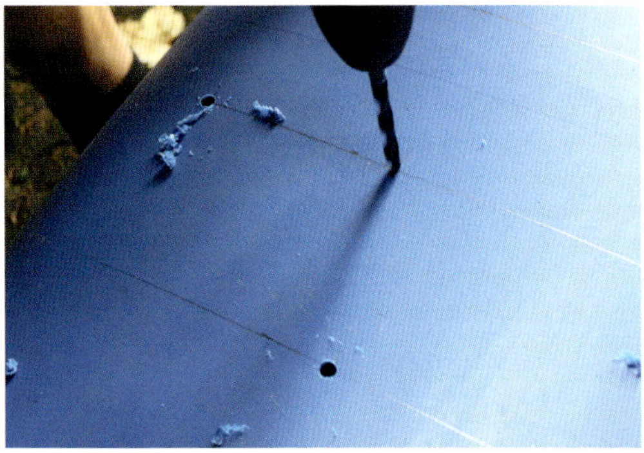

Schritt 2 Mit Bleistift werden die späteren Pflanztaschen gleichmäßig verteilt auf der Tonne markiert. Die Länge dieser Taschen sollte, je nach Tonnengröße, rund 12–15 cm betragen. Nun werden zu beiden Seiten der Markierungen mit einer Bohrmaschine Löcher gebohrt, ...

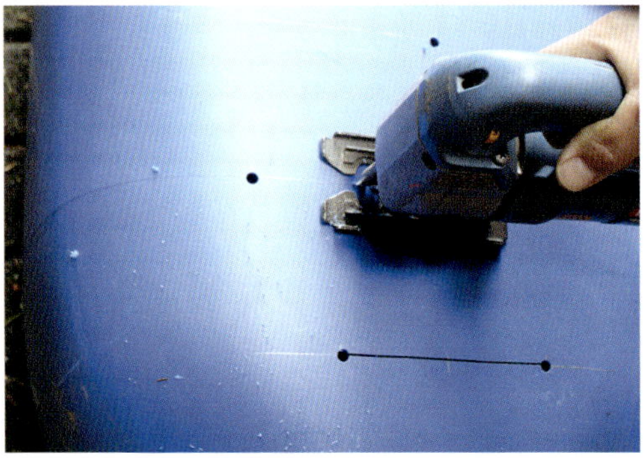

Schritt 3 ... damit man diese mit einer Stichsäge problemlos aufsägen kann.

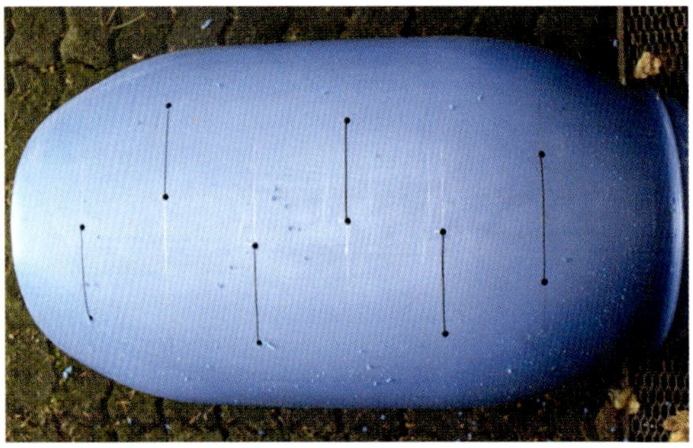

Die Pflanztaschen wurden mit einer Stichsäge in die Tonne gesägt.

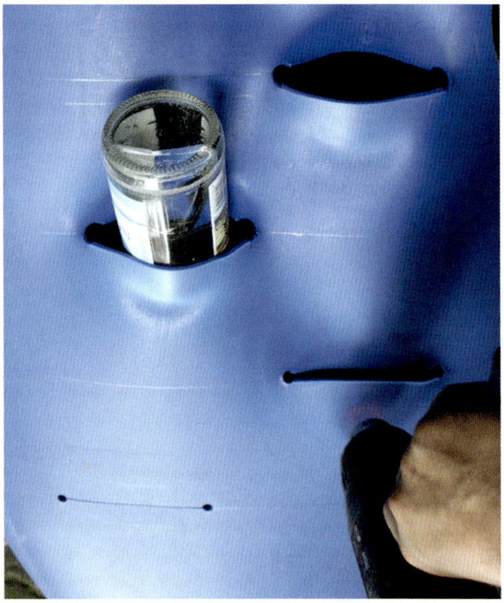

Schritt 4 Mit einem Heißluftfön wird der Bereich um die Öffnung so lange erhitzt, bis der Kunststoff weich und biegsam wird. Dann wird eine mit Wasser gefüllte Flasche in die Öffnung gesteckt, so dass diese vergrößert wird. Nach wenigen Minuten ist der Kunststoff erstarrt, so dass die vergrößerte Öffnung bestehen bleibt und hier später Pflanzen hineingesetzt werden können.

Nach Belieben werden Pflanznischen rundherum in die Tonne geschnitten und durch Erwärmen mit Hilfe eines Heißluftföns und einer Wasserflasche ausgedehnt.

ACHTUNG! Abfluss

Zusätzlich zu den Pflanznischen muss das Fass auch am Boden ausreichend große Löcher bekommen, damit Wasser nach unten hin ablaufen kann!

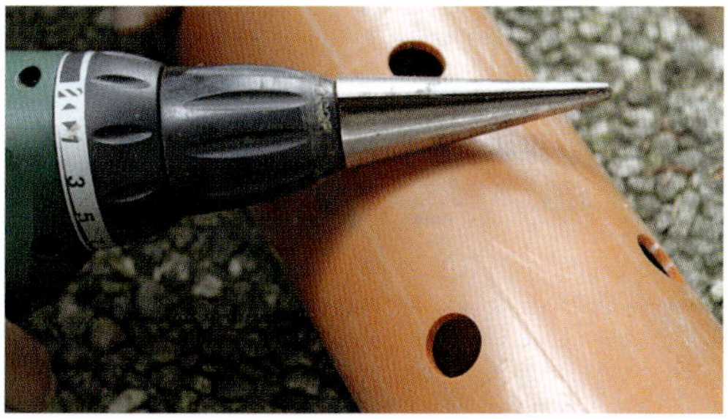

Schritt 5 In ein Kunststoffrohr werden mit einem Kegel- oder Schälbohrer …

Schritt 6 … gleichmäßig über das Rohr verteilt Löcher gebohrt.

Schritt 7 Das Rohr sollte mit einem Deckel verschlossen werden können.

Schritt 8 Die Tonne wird mit guter Gartenerde aufgefüllt, das gelochte Kunststoffrohr mittig in der Tonne platziert. Man gießt ein wenig an, lässt das Substrat einen Tag lang sacken, füllt dann nochmals mit Erde auf und wiederholt diesen Vorgang noch ein bis zwei Mal, bis die Füllhöhe in etwa stabil bleibt.

Schritt 9 In das Rohr füllt man Grünabfälle ein. Damit diese gut in das Rohr hineinpassen, schneidet man die Abfälle in kleine Stücke. Man sollte dafür sorgen, dass im Rohrinneren ein feuchtes Klima herrscht. Richtig nass sollte es allerdings nicht sein.

Schritt 10 Bei der Feuchtigkeitsregulierung hilft ein Deckel zum Verschließen des Rohres.

Schritt 11 Nun können kleine Pflanzen in die Pflanznischen gesetzt werden.

Schritt 12 Gegen Schnecken hilft ein Schneckenzaun, den man unterhalb des Fassbodens anbringt. Zusätzlich ...

Schritt 13 ... stellt man das Fass auf ein kleines Fundament aus Steinen oder auf ein Stahlgerüst.

Schritt 14 Oben wächst Salat.

HINWEIS! Die Erdbeertonne für Balkongärtner

Möglich wäre auch eine Aufstellung der Erdbeertonne auf dem Balkon. Hierfür stellt man das Fass erhöht auf, so dass man einen Eimer oder eine Wanne darunter aufstellen kann. Oder man stellt das ganze Fass in eine größere Wanne hinein. So kann Wasser ablaufen, ohne den Balkon unnötig zu verschmutzen.

WEITERE VERTIKALE IDEEN FÜR DEN GARTEN

Indem man die Vertikale mit in die Gartenplanung einbezieht, entsteht neuer Raum für Pflanzen, ein Sichtschutz oder einfach nur eine schönere Aussicht im Garten. Wo kahle Wände oder Mauern Tristesse verbreiten, könnte schon eine alte Holzleiter diesem Zustand ein Ende setzen: Die alte Leiter wird mit Haken an der Wand befestigt und an ihren Sprossen werden Halterungen für Töpfe und Kästen befestigt. Diese Vorgehensweise macht viel Freude, da man die Pflanzgefäße jederzeit versetzen kann, so dass hier ein sehr kreativer Gartenraum entsteht. Statt einer Leiter können ausgediente Lattenroste oder auch mal eine Sprossenwand aus einer Gymnastikhalle an Wänden, Mauern oder Baumstämmen befestigt werden, um dem findigen Gärtner neue Gartenräume zu erschließen. Wer nicht schrauben möchte, kann die Leiter oder den Lattenrost auch nur an eine Wand oder einen Baum anlehnen. Das sieht ebenfalls nett aus, wenn bepflanzte Blumenkästen hier einen Platz finden.

Aus alten Leitern, Lattenrosten, Gittermatten u. v. m. können ebenfalls recht einfach vertikale Gartenelemente gestaltet werden.

DIE SCHWARZE WUNDERERDE „TERRA PRETA“

GIESSEN, GIESSEN UND KEIN ENDE IN SICHT?

Ein Problem kennen wohl alle Topfgärtner: Das Substrat in den Pflanzgefäßen trocknet an heißen Tagen allzu schnell aus und man kommt mit dem Gießen kaum noch hinterher.

Hilfreich sind feuchtigkeitsspeichernde Matten, die der Gartenfachhandel anbietet. Aber auch beim Substrat gibt es große Unterschiede, was deren Speicherfähigkeit betrifft.

Unschlagbar im Speichern von Feuchtigkeit ist die sogenannte Wundererde „Terra Preta“, so dass diese auch an der vertikalen Wand, in allen großen und kleineren Pflanzgefäßen, äußerst erfolgreich zum Einsatz kommen kann. Ihr Name stammt aus dem Portugiesischen. „Terra Preta“ heißt übersetzt „Schwarze Erde“.

Zum ersten Mal wurde die schwarze Erde bei Ausgrabungen rund um indigene Siedlungen in Brasilien entdeckt. Es fielen schwarze Erdschichten auf, worin Knochen, sowohl menschliche wie auch tierische Ausscheidungen, Reste von Lebensmitteln und ein hoher Anteil an Holzkohle enthalten waren. Man schloss darauf, dass diese besonders dunkle Erde von den damals lebenden Menschen selbst hergestellt worden ist. Und sie schien auch besonders gehaltreich gewesen zu sein, so dass noch Erträge erwirtschaftet wurden, wo der Boden von Natur aus eher nährstoffarm gewesen ist.

„Terra Preta“ kommt daher auch heute Gärtnern zugute, deren Boden aus nährstoffarmem Substrat mit einer nur dünnen Humusschicht besteht. Wenn die Erträge, vor allem bei nährstoffbedürftigen Pflanzen, wie etwa Kohl, bisher nur spärlich ausgefallen sind, könnte „Terra Preta“ die Lösung sein. Blumengärtner stimmen ebenfalls ein Loblied auf die gehaltvolle dunkle Erde an. Denn nun gedeihen auch Stauden, wie Rittersporn oder Phlox, hervorragend, selbst auf eher mageren Böden. Der Einsatz von Dünger kann bei der Verwendung der „Schwarzen Erde“ ebenfalls reduziert werden.

GAB ES „TERRA PRETA“ AUCH AUF DEM EUROPÄISCHEN KONTINENT?

Urwaldbewohner Brasiliens stellten die Schwarze Erde einst selbst her, um die Erträge der eher nährstoffarmen Böden zu erhöhen. Doch scheint die besonders gehaltvolle Erde nicht nur bei indigenen Völkern bekannt gewesen zu sein. Im deutschen Wendland wurden ebenfalls altertümliche Überreste von „Terra Preta“ gefunden. Sie stammen allem

Anschein nach von slawischen Völkern, die ab dem 9. Jahrhundert in dieser Region angesiedelt waren.

Dem südamerikanischen Vorbild recht ähnlich, stellten sie eine besondere Erde aus Abfällen und Holzkohle her, um den nährstoffarmen Sandboden dieser Region anzureichern und so die landwirtschaftlichen Erträge zu fördern.

Aus heutiger wissenschaftlicher Sicht stellt die Schwarze Erde „Terra Preta“ sogar eine Möglichkeit dar, den Klimawandel aufzuhalten. Würde man die Böden weltweit mit einer aus natürlichen Rohstoffen produzierten Erde anreichern und somit die Bodenfruchtbarkeit im großen Stil verbessern, könnte die Welternährung zu einem Großteil, sowie weitaus umweltfreundlicher, sichergestellt werden!

INHALTSSTOFFE VON TERRA PRETA

Als wichtigste Zutat zur „Schwarzen Erde“ wäre Holzkohle zu nennen. Alles andere, was zur Herstellung der schwarzen Wundererde benötigt wird, liefert der heimische Kompost!

Beschäftigen wir uns zunächst mit der Wirkweise der Holzkohle, so fällt auf, dass diese wie ein Wasser und Nährstoffe speichernder Schwamm fungiert. Weiterhin sorgt Holzkohle als Zutat von „Terra Preta“ dafür, dass die Humussubstanzen weitaus langsamer abgebaut werden. Holzkohle fördert außerdem die Ansiedlung wichtiger Mikroorganismen, die wiederum erst eine langfristige Versorgung der Pflanzen mit wertvollen Nährstoffen sichern.

Ein höher gelegtes Beet verspricht mit „Terra Preta“ zum Ertragswunder zu werden.

Wer einen Blick auf die Inhaltsstoffe der fertigen Wundererde wirft, kommt aus dem Staunen nicht mehr heraus: „Terra Preta" enthält sage und schreibe viermal so viel Phosphat, zweimal so viel Stickstoff und dreimal so viel Kalium als herkömmlicher Gartenboden!

HINWEIS! Kohlenstoffspeicher

In der Pflanzenkohle, die in der Schwarzen Erde in 70-fach höherer Konzentration als in normaler Erde enthalten ist, wird Kohlenstoff langfristig gespeichert und damit aus dem Nährstoffkreislauf entfernt, was eine Entlastung der Atmosphäre darstellt!

In diesem Zusammenhang sei daran erinnert, dass bei der Verbrennung von Kohle, Öl oder Gas exakt das Gegenteil passiert: Riesige Mengen an Kohlenstoff werden in den Nährstoffkreislauf eingespeist!

Die genannten Vorteile von Schwarzer Erde sollten jeden von uns überzeugen! Man möchte sicher gleich mit der Herstellung beginnen ...

In der Tat ist die Herstellung von Schwarzer Wundererde = „Terra Preta" keine Hexenkunst. Jeder Gärtner kann die Schwarze Erde im eigenen Garten selbst aufbereiten.

Holzkohle selbst herstellen

Sehr einfach kann man Holzkohle mit Hilfe zweier unterschiedlich großer Metallfässer sowie eines Abzugsrohres (mit Rohranschluss-Stutzen) selbst herstellen. Das deutlich größere Fass sollte über einen gut verschließbaren Deckel verfügen.

ACHTUNG! Entzündungsgefahr

Die verwendeten Tonnen sollten frei von entzündlichen Inhaltsstoffen sein!

Schritt 1 – Kleine Holzscheite in ein offenes Fass einfüllen

Kleine Holzstücke (bis maximal 15 cm Länge) werden in das kleinere Fass gestapelt. Das mit Holzstücken gefüllte kleinere Fass wird nun mit der Öffnung voran in das deutlich größere Fass, welches am Boden liegt, hineingeschoben, bis die Öffnung auf dem Fassboden des großen Fasses gut aufliegt.

Daraufhin wird das große Fass vorsichtig aufgestellt. Das mit Holzscheiten gefüllte kleinere Fass steht nun umgestülpt im größeren. Es wird genau mittig im großen Fass platziert. Seine Öffnung zeigt nach unten. Man achte darauf, dass keine Scheite heraus oder gar unter den Rand des Fasses rutschen. Es sollte mit seinem Rand plan auf dem Boden des großen Fasses aufliegen.

Nun werden im größeren Fass, jedoch ganz am unteren Rand, also dort, wo das Fass auf dem Boden steht, einige Löcher hineingebohrt (etwa 4–5 cm im Durchmesser, siehe Skizze auf Seite 90). Von hier aus erhält das brennende Holz eine gewisse Luftzufuhr während des Brandes.

Schritt 2 – Deckel mit Abzugsrohr versehen

In den Deckel des großen Fasses wird mit einer Stichsäge ein Loch in der Größe des Rohranschluss-Stutzens gesägt, so dass der Schornstein aufgesteckt werden kann.

HINWEIS! Utensilien im Fachhandel

Einen Rohranschluss-Stutzen sowie ein passendes Rohr (= Schornstein) bekommt man in einem gut sortierten Baumarkt, z. B. in der Abteilung für Öfen und Kamine.

Der Stutzen wird mitsamt seines Kragens eingesetzt und auf dem Deckel des größeren Fasses verschraubt (oder vernietet), der Schornstein auf rund 50 cm gekürzt und anschließend aufgesteckt. Der Deckel sollte in jedem Fall gut und dicht schließen.

Was tun, wenn die Tonne keinen abnehmbaren Deckel hat?

Falls man eine Tonne ohne Deckel besorgt hat, also eine oben geschlossene Tonne, sägt man den benötigten Deckel rund 10 cm unterhalb der Oberkante mit einem Winkelschleifer oder einer Stichsäge rundherum gleichmäßig ab.

Damit die Tonne später mit diesem Deckel verschlossen werden kann, biegt man den neuen Tonnenrand mit einer Zange rundherum leicht nach innen und den Deckelrand etwas nach außen. Nun kann die Tonne mit ihrem neuen Deckel verschlossen werden.

ACHTUNG! Verpuffungsgefahr

Vor dem Aufsägen der Tonne unbedingt den Verschlussstopfen entfernen. Falls in der Tonne Reste von entzündlichen Stoffen vorhanden sind, besteht die Gefahr einer Verpuffung durch Funkenbildung beim Sägen und Schneiden.

Schritt 3 – Den Ofen anfeuern

In den gesamten Raum zwischen kleiner und großer Tonne werden nun Holzscheite gefüllt. Die Scheite dürfen ruhig etwas größer sein als diejenigen der kleinen Tonne, also rund 15–20 cm lang, damit sie gut hineingestapelt werden können.

Die Scheite werden angezündet und der Deckel aufgesetzt. Nun beginnt die Verkohlungsphase durch einen langsam und lange währenden Brand im selbst gebauten Holzkohle-Ofen.

Zunächst tritt weißer Qualm aus dem Schornstein heraus. Nach vielen Stunden, oder manchmal auch Tagen, ändert sich die Farbe des Qualms. Er nimmt eine bläuliche Farbe an, was ein Zeichen dafür ist, dass die Holzkohle im kleinen Innenfass fertig ist.

Man lässt den Ofen in Ruhe zu Ende brennen und öffnet das Fass erst, wenn es ausreichend abgekühlt ist.

HINWEIS! Rauchfarbe beachten

Die Farbe des Qualms gibt Auskunft über den Verkohlungsgrad:
Weißer Qualm = Holz
Blauer Qualm = Holzkohle

TIPP! Grillkohle

Mit dieser selbst hergestellten Holzkohle kann man selbstverständlich auch preisgünstig grillen.

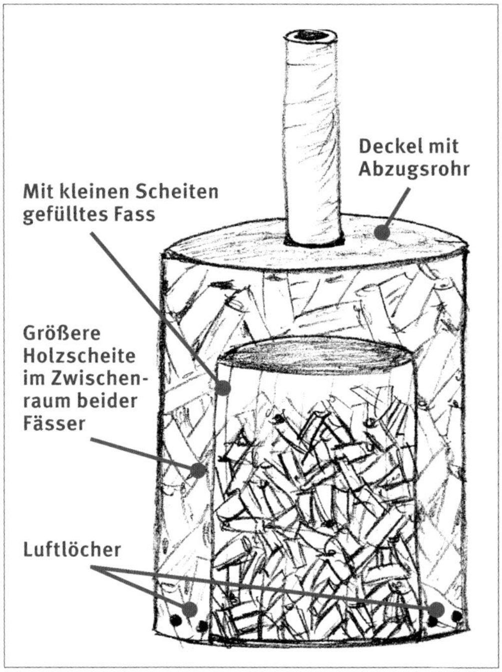

Der selbstgebaute Holzkohle-Ofen

Schritt 4 – Auf eine gute Mischung achten

Nun werden alle Zutaten miteinander vermischt und wie ein ganz normaler Komposthaufen aufgeschichtet.

Auf rund 1 m^3 Kompost kommen rund 40 l Holzkohle, die entweder in dünnen Schichten verteilt oder mit dem Kompostiergut vermengt wird. Oder in Prozenten ausgedrückt: Der **Holzkohle-Anteil im Kompost** sollte rund **5–10 %** betragen. Auf keinen Fall darf dieser jedoch über 20 % liegen, was sich wiederum negativ auf den Boden auswirken würde.

Auch in vorhandene Kompostanlagen kann noch nachträglich mit dem Holzkohleeintrag begonnen werden, jedoch gilt auch hier: die Holzkohle nur dünn und in kleinen Portionen beifügen.

WAS KANN – AUSSER HOLZKOHLE – ALLES KOMPOSTIERT WERDEN?

Kompostiert kann alles werden, was ungiftig ist und gut verrottet, wie etwa: Grünschnitt, Küchenabfälle, Mist aus der Viehwirtschaft, Einstreu von Kleintieren, Trester aus der Saftherstellung u. v. m. Der Kompost wird mindestens einmal im Jahr umgesetzt, damit das Material gut belüftet wird. Es sollte weder zu nass noch zu trocken sein. Nach rund einem Jahr kann die Mischung zur Bodenverbesserung eingesetzt werden!

HINWEIS! Für Topfkulturen

Die mit „Terra Preta“ gedüngten Kulturen weisen nicht nur wesentlich höhere Erträge auf. Sie müssen auch weitaus weniger gewässert werden, da die Erde durch den höheren Holzkohleanteil mehr Wasser speichert!
„Terra Preta“ eignet sich daher in vorzüglicher Weise auch für den Anbau in Töpfen und Kübeln!

DAS SCHATTENBEET

Für die meisten Gärtner zählen schattige Bereiche im Garten zu den Problemzonen. Man hört häufig Aussagen wie: „Hier wächst einfach nichts!“ Dabei ist es viel eher so, dass ein Garten ohne Schatten doch im Grunde genommen recht unvollständig ist. Viele wundervolle Gartenpflanzen gedeihen überhaupt nur fern von grellem Sonnenlicht!

Und häufig sind es gerade die schattigen Gartenplätze, die den meisten Zauber besitzen, da das Zusammenspiel von sonnigen und schattigen Gartenteilen meist den größten Reiz des Gartens ausmacht.

Selbst der kleinste Stadtgarten mit wenig Sonne kann attraktiv gestaltet werden. Mit der richtigen Pflanzenauswahl und gegebenenfalls einiger vertikaler Gestaltungselemente wird aus dem „Schattendasein“ eines Gartens etwas einzigartig Schönes, oder wie könnte man es auch ausdrücken: Es gibt keinen schlechten Standort, nur die falschen Pflanzen!

Befasst man sich ein wenig mit den Pflanzengemeinschaften, die im Schatten gedeihen, wird man erstaunt über die Vielzahl an wunderschönen Blütenpflanzen, Gräsern, Farnen und kleinen Gehölzen sein, die auch noch im Schatten zu voller Schönheit heranwachsen.

Ein geschickt geplantes, teilweise auch in die Vertikale gehendes Beet, evtl. mit einem kleinen Hochbeet oder Kübel in seiner Mitte, kann sogar in schattigen Bereichen zum echten Hingucker werden, wenn man es ansprechend mit ausgewählten Pflanzen bestückt. Die Pflanzenlisten ab Seite 98 sollen dem Gärtner bei der Auswahl der Bepflanzung von Beeten im Schatten behilflich sein.

In unserem Gestaltungsbeispiel wurde ein großer selbst gefertigter Kübel aus Beton als optisch prägendes Deko-Element sowie gut sichtbare Erhöhung in die Pflanzung integriert. Eine große Baumwurzel sorgt ebenfalls für Abwechslung und kann so manche Pflanze in vorhandenen Nischen aufnehmen, die mit dem Standort zurechtkommen. Auf einer trocken aufgeschichteten Ziegelmauer können weitere Pflanzen einen Platz finden.

Das Tränende Herz bevorzugt die schattigen Bereiche des Gartens.

EIN BEET ENTSTEHT AUF DER NORDSEITE DES HAUSES

Existieren im Hausgarten komplett absonnige Bereiche, da selbst die Morgen- oder Abendsonne von vorhandenen Gehölzen davon abgehalten wird, den Boden zu erreichen, muss dennoch niemand vor dieser Gartensituation kapitulieren. Es stehen für jeden Standort im Garten ausreichend Pflanzen zur Verfügung, um hier ansprechende Beete entstehen zu lassen.

Im vorgestellten Fall handelt es sich um einen Standort nördlich des Wohnhauses, mit mäßig feuchtem Boden, der dicht mit Moosen, Gräsern sowie einigen Farnen besiedelt ist.

Da grünes Moos das ganze Jahr über ein dekorativer Untergrund ist, sollte es bleiben dürfen und wurde später nur partiell entfernt, wo Pflanzen eingesetzt oder vertikale Elemente in das Beet integriert wurden.

Leider wird auch die Morgen- und Abendsonne durch hohe Koniferen daran gehindert, diesen Gartenteil zu erreichen, so dass nur besonders schattenverträgliche Pflanzen zum Einsatz kommen konnten.

So vernachlässigt sehen viele Schattengärten aus und dabei könnte hier so einiges wachsen und gedeihen.

Im ersten Schritt wurden abgestorbene Pflanzen entfernt und sämtliches Kraut gejätet, was hier recht unansehnlich vor sich hin wucherte: Löwenzahn, Quecke, Gundermann und viele andere.

In die beiden großen Betonkübel wurde ein gutes Pflanzsubstrat gefüllt (z. B. „Terra Preta", deren Herstellung ab Seite 89 beschrieben wird). Etliche Betondekorationen wurden zunächst an Ort und Stelle gelassen und können nun je nach Bedarf entfernt oder umdekoriert werden.

Im hinteren Bereich des Beetes sorgt eine bemooste Wurzel für die entsprechende Waldatmosphäre (Bild links unten). Sie kommt vor dem kleinen Mäuerchen aus alten Ziegelsteinen, welches trocken aufgeschichtet wurde, besonders schön zur Geltung und verleiht dem Beet zusätzliches Flair. Denkbar wären hier auch schattenverträgliche Pflanzen, die man in Töpfen auf das Mäuerchen stellt und deren Zweige dekorativ herabhängen können (Efeu, Zimbelkraut u. a., siehe auch Pflanzenliste auf Seite 75).

Wünscht man sich weitere Erhöhungen im Beetverlauf, können normale Pflanzkübel auf Steine oder Säulen gestellt werden. Die Steine werden von großen Farnwedeln oder den Blättern der Hosta kaschiert, so dass die Kübel auf den üppig wachsenden Schattenpflanzen zu schweben scheinen.

DIE PFLANZEN SIND DA ...

Etliche schattenverträgliche Pflanzen stehen bereit, um dem Beet im Schatten zu neuem Glanz zu verhelfen.

Ich kann nur jedem dazu raten, von jedem Beet eine einfache Skizze zu zeichnen. So weiß man schon im Vorfeld, wie viele Pflanzen man ungefähr benötigt. Heftet man die Skizzen ordentlich in einen Ordner, können später darauf mögliche Änderungen vorgenommen werden.

So hat man vor allem die Pflanzenmenge immer im Auge, wodurch auch Kosten und Zeitaufwand auf ein Minimum beschränkt werden können.

Einfache Skizzen helfen bei der Beetplanung

Im Laufe des ersten Jahres bekam mein Schattenbeet bereits weiteren Zuwachs: Eine Christrose wurde am Beetrand neben dem Weg (siehe auf der Skizze Seite 96) gesetzt, eine Gemeine Hirschzunge vervollständigte das Farnsortiment, ein Tränendes Herz mit weißen Blüten sorgte schon im April für einen Höhepunkt.

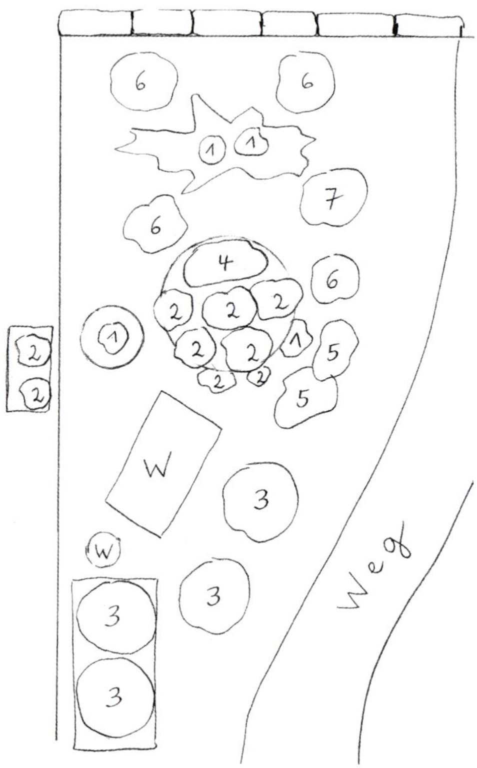

W Wasser
1 4 Stk. Moossteinbrech, rosa + weiß
2 9 Stk. Lerchensporn, weiß blühend
3 4 Stk. Hosta, verschiedene Sorten
4 1 Stk. *Aster ageratoides* (Wild-Aster)
5 *Geranium nodosum + versicolor*
6 4 Stk. *Epimedium* (Elfenblumen), verschiedene Sorten
7 = 1 Stk. Farn

Skizzen helfen uns bei der Gartenplanung.

Beständiger Zuwachs sorgte immer wieder für kleine Veränderungen in diesem Beet. Aufgestapelte Ziegelsteine, Säulen oder höhere Skulpturen wirken in schattigen Gartenecken besonders geheimnisvoll, so dass man stets nach entsprechenden Angeboten Ausschau halten sollte, um aus dem Schattengarten das Bestmögliche herausholen zu können.

Interessant sind auch Büsten oder Köpfe mit einem Hohlraum für Pflanzen. Stellt man diese auf einen Stapel Steine oder eine Säule, erhält das Beet ein weiteres attraktives vertikales Element.

Fazit: Ein Lieblingsbeet im Schatten wird niemals „fertig“ sein. Man betrachtet es viel zu oft und wird dabei beständig inspiriert, die Bepflanzung zu optimieren.

Nach dem Einsetzen wirken die Pflanzen zunächst noch unscheinbar und zart. Doch wird sich das schon bald ändern. Kommen die Schattenblümchen in frisches Erdreich und ist auch ausreichend Feuchtigkeit vorhanden, geben sie ihre Zurückhaltung rasch auf und der Standort wird mit großer Leidenschaft erobert!

Der schattige Kübel im April. Weißer Lerchensporn zeigt die ersten Blüten.

Alte Ziegel, Säulen und bepflanzte Büsten entfalten ihre größte Wirkung in schattigen Gartenecken.

Elfenblumen gibt es in vielen verschiedenen Blühfarben sowie -formen.
Ihr filigranes Erscheinungsbild wirkt immer elegant und unaufdringlich!

Hübsch eingepflanzt kommen die Schattenpflanzen noch besser zur Geltung.

Doch irgendetwas fehlte hier noch! Damit der spezielle Beetcharakter noch besser unterstrichen wird, sollten die Schattenpflanzen einen ansprechenden Rahmen erhalten. Steine waren noch reichlich auf Lager und es entstand eine hübsche Abschlusskante, welche die Aufmerksamkeit noch ein Stück weit mehr auf dieses Beet und dessen Bewohner lenkt.

So soll es schließlich sein: Unsere schönsten Gartenbereiche sollen jederzeit im Mittelpunkt stehen und die Bewunderung erhalten, die ihnen gebührt.

Pflanzen, die im Schatten blühen

Frühe Blütezeit:

- **Leberblümchen** (*Hepatica* sp.): blüht blau von März bis April, Kalk liebend, niedrig
- **Scharbockskraut** (*Ranunculus ficaria*): blüht gelb von März bis April, niedrig
- **Moossteinbrech** (*Saxifraga arendsii*): blüht rot-weiß im Mai, niedrig
- **Blaustern** (*Scilla* sp.): blüht blau-violett von März bis April, niedrig
- **Waldsauerklee** (*Oxalis acetosella*): blüht weiß von April bis Mai, niedrig
- **Gelbe Trauerglocke** (*Uvularia grandiflora*): blüht von April bis Mai, niedrig
- **Waldmeister** (*Galium odoratum*): blüht weiß von April bis Mai, niedrig
- **Krokus** (*Crocus* sp.): blüht in vielen Farben von Februar bis März, niedrig
- **Alpenveilchen** (*Cyclamen coum*): blüht purpur bis violett von Dezember bis März, niedrig
- **Goldgrüne Schaftdolde** (*Hacquetia epipactis*): blüht gelb von April bis Mai, Kalk liebend, niedrig
- **Primeln** (*Primula* sp.): blühen in vielen Farben und Sorten von Februar bis Mai, niedrig bis mittelhoch
- **Vergissmeinnicht** (*Omphalodes verna*): blüht hellblau, rosé, weiß, von März bis April, niedrig
- **Immergrün** (*Vinca minor* und *V. major*): blüht blau-violett von März bis Juni, Bodendecker, niedrig
- **Schneeglöckchen** (*Galanthus* sp.): blüht weiß von Januar bis März, niedrig
- **Maiglöckchen** (*Convallaria majalis*): blüht weiß im Mai, niedrig
- **Lungenkraut** (*Pulmonaria* sp.): blüht blau und rot von April bis Mai, niedrig
- **Rhododendron** (*Rhododendron augustinii*): blüht himmelblau im Mai, niedrig
- **Elfenblume** (*Epimedium* sp.): blüht weiß, gelb, orange oder rot im Mai, niedrig

- **Hundszahn** (*Erythronium dens-canis*): blüht rosa oder rot von März bis Mai, niedrig
- **Veilchen, Duftveilchen** (*Viola* sp.): blüht blau-violett von März bis April, niedrig
- **Teppich-Beinwell** (*Symphytum grandiflorum*): blüht hellgelb von April bis Juni, niedrig
- **Bärlauch** (*Allium ursinum*): blüht weiß von April bis Mai
- **Ysander** (*Pachysandra* sp.): blüht weiß von April bis Mai, niedrig
- **Blaue Frühlingsschelle** (*Synthyris stellata*): blüht von März bis April, niedrig
- **Blauroter Steinsame** (*Lithospermum purpureocaeruleum*): blüht blau-rot von April bis Juni, niedrig bis mittelhoch
- **Hasenglöckchen** (*Hyacinthoides* sp.): blüht blau, weiß oder rosé von April bis Mai, niedrig bis mittelhoch
- **Christrose** (*Helleborus* sp.): blüht je nach Sorte schon ab Dezember bis Februar, mittelhoch
- **Kaukasus-Vergissmeinnicht** (*Brunnera* sp.): blüht himmelblau von April bis Juni, mittelhoch
- **Maiapfel** oder **Fußblatt** (*Podophyllum* sp.): blüht weiß von April bis Mai, mittelhoch
- **Blauglöckchen** (*Mertensia virginica*): blüht hellblau von April bis Mai, mittelhoch
- **Nesselkönig** (*Lamium orvala*): blüht weißpurpur von April bis Juni, mittelhoher bis hoher Wuchs
- **Pestwurz, Duftlattich** (*Petasites* sp.): blüht von März bis April, hoher Wuchs
- **Rosa Schildblatt** (*Darmera peltata*): blüht von April bis Mai, hoher Wuchs

Im Mai wirkt das Beet im Schatten schon ein wenig üppiger.

Wald-Sauerklee sprießt aus jeder noch so kleinen Lücke.

Krokusse sind recht unkompliziert und gedeihen auch in Kübeln fern von grellem Sonnenlicht. Im tiefen Schatten jedoch öffnen sich ihre Blüten nicht vollständig!

Es lohnt sich, die bunten Primeln im Garten auszupflanzen. Sie bilden mit den Jahren hübsche Horste in einer schönen Farbpalette von Cremefarben über Gelb, Rosa, Blauviolett bis zu kräftigem Pink.

Eine wunderschöne Blütenkombination für schattige bis halbschattige Standorte: Hasenglöckchen und rosa blühende Christrosen. Christrosen möchten viele Jahre am selben Ort stehen. Ein Umpflanzen bekommt ihnen nicht so gut.

Auch der aromatische Waldmeister liebt die eher schattigen Gartenbereiche.

Beinwell (Comfrey) gibt es in vielen verschiedenen Blütenfarben, eine ist schöner als die andere.

Im noch winterlichen Garten verzaubert uns das galante Schneeglöckchen mit einer unfassbar großen Sortenvielfalt.

Mittelfrühe Blütezeit:

- **Zwerg-Geißbart** (*Aruncus aethusifolius*): blüht von Juni bis Juli, niedrig
- **Teppich-Beinwell** (*Symphytum grandiflorum*): blüht hellgelb von April bis Juni, niedrig
- **Holländer Reithosen-Herzblatt** (*Dicentra cucullaria*): blüht weiß-gelb von Mai bis Juni, niedrig
- **Stauden-Hartriegel** (*Cornus canadensis*): blüht weiß von Mai bis Juli, niedrig
- **Weiße Schaumblüte** (*Tiarella* sp.): blüht weiß von Mai bis Juni, niedrig bis mittelhoch
- **Süßdolde** (*Myrrhis odorata*): blüht weiß etwa ab Mai, mittelhoch bis hoch
- **Weißer Siebenstern** (*Trientalis europaea*): blüht von Mai bis Juni, niedrig
- **Immergrün** (*Vinca minor* und *V. major*): blüht blau-violett von März bis Juni, Bodendecker, niedrig
- **Aronstab** (*Arum* sp.): blüht blass-grün von Mai bis Juni, später feuerrote Beeren, niedrig
- **Waldstorchschnabel** (*Geranium odoratum*): blüht lila-rot von Mai bis Juni, niedrig bis mittelhoch
- **Schattenblümchen** (*Maianthemum bifolium*): blüht weiß, niedrig bis mittelhoch
- **Götterblume** (*Dodecatheon* sp.): blüht weiß-rosa oder violett von Mai bis Juni, niedrig bis mittelhoch
- **Gelber Schattenmohn** (*Stylophorum diphyllum*): blüht von Mai bis Juni, mittelhoch
- **Duftsiegel** (*Smilacina* sp.): blüht weiß-gelb von Mai bis Juni, mittelhoch
- **Sterndolde** (*Astrantia* major): blüht weiß, rosa bis purpur von Juni bis August, mittelhoch
- **Tränendes Herz** (*Lamprocapnos spectabilis*): blüht rosa oder weiß von Mai bis Juni, mittelhoch
- **Lerchensporn** (*Corydalis* sp.): blüht weiß, gelb oder lila von Mai bis September, niedrig
- **Sterndolde** (*Astrantia* major): blüht grün-rosa von Mai bis August, mittelhoch
- **Himmelsleiter** (*Polemonium* sp.): blüht blau oder weiß von Mai bis Juni, mittelhoch
- **Mandelblättrige Wolfsmilch** (*Euphorbia amygdaloides*): blüht goldgelb von Mai bis Juni, mittelhoch
- **Pfirsich-Glockenblume** (*Campanula* sp.): blüht weiß oder blau von Mai bis Juni
- **Salomonssiegel** oder **Weißwurz** (*Polygonatum* sp.): blüht weiß von Mai bis Juni, mittelhoch
- **Zypressen-Wolfsmilch** (*Euphorbia cyparissias*): blüht hellgelb bis dottergelb von Mai bis September, mittelhoch
- **Gelber Korbblütler** (*Packera aurea*): blüht von Mai bis Juli, mittelhoch
- **Buchsbaum** (*Buxus* sp.): unscheinbare grünliche Blüten im Sommer, Formschnittpflanze von niedrig bis hoch
- **Blauer** und **Gelber Scheinmohn** (*Meconopsis* sp.): blüht blau, gelb und orange je nach Sorte von Mai bis Oktober, mittelhoch
- **Funkie** (*Hosta* sp.): blüht je nach Sorte von Juni bis September, mittelhoch
- **Gelbblättriges Waldflattergras** (*Milium effusum*): mittelhoch
- **Dreiblattspiere** (*Gillenia trifoliata*): blüht weiß-rosa von Juni bis Juli, mittelhoch bis hoch
- **Nesselkönig** (*Lamium orvala*): blüht weiß-purpur von April bis Juni, mittelhoher bis hoher Wuchs
- **Schaublatt** (*Rodgersia* sp.): blüht weiß oder rosa von Juni bis Juli, mittelhoch bis hoher Wuchs
- **Zimbelkraut** (*Cymbalaria muralis*): blüht blass-violett ab Juni, kletternd an Wänden

Süßdolden wirken schon durch ihr zart gefiedertes Laub recht anmutig und erfreuen uns auch noch nach der Blüte, da ihre länglichen Samen, solange sie noch grün sind, genascht werden können. Sie schmecken nach Lakritze. Die ganze Pflanze ist essbar und hat einen süßlichen Geschmack.

Eine Pflanzung mit Weißem Lerchensporn und Storchschnabel im April: Die ersten Blüten öffnen sich bereits!

Eine weiß blühende Pfirsich-Glockenblume verströmt ihre ungeheure Leuchtkraft auch noch in schattigen Bereichen des Gartens.

Funkien erhellen jede noch so dunkle Gartenecke.

Das Schattenbeet im Mai/Juni (oben und rechts unten) ...

... und mit blühendem Storchschnabel (Mitte) und der Wildaster *Aster ageratoides* (links unten) im Hochsommer. Die weiße Nachtviole (rechts unten) blüht in voller Sonne wie auch an schattigeren Standorten.

Obwohl das zarte Zimbelkraut gerne an Mauern und Wänden emporwächst, lässt es seine Triebe gelegentlich auch über Vorsprünge herabfallen. Die Blüten öffnen sich auch im Schatten.

- **Gelbes Brandkraut** (*Phlomis russellana*): blüht von Juni bis Juli, hoher Wuchs
- **Weiße** oder **lila Nachtviole** (*Hesperis matronalis*): blüht von Mai bis Juni, hoher Wuchs
- **Weißer Nesseldost** (*Ageratina altissima*): blüht von Juni bis Juli, hoher Wuchs
- **Eisenhut** (*Aconitum* sp.): blüht violett von Juni bis Oktober, hoher Wuchs

Späte Blütezeit:

- **Traubenlilie** (*Liriope muscari*): blüht violett von August bis September, niedrig
- **Schatten-Sedum** oder **Amur-Fetthenne** (*Sedum selskianum*): blüht goldgelb von Juli bis September, niedrig
- **Herbstzeitlose** (*Colchicum* sp.): blüht rot-violett von September bis Oktober, niedrig, Vorsicht: giftig
- **Japanische Krötenlilie** (*Tricyrtis hirta*): blüht weiß-lila von August bis Oktober, mittelhoch
- **Funkie** (*Hosta* sp.): blüht je nach Sorte von Juni bis September, mittelhoch
- **Blauer** und **Gelber Scheinmohn** (*Meconopsis* sp.): blüht blau und gelb je nach Sorte von Mai bis Oktober, mittelhoch
- **Rote Lampionpflanze** (*Physalis alkekengi*): blüht weiß von Juli bis Oktober, später mit orangeroten Lampionfrüchten, mittelhoch
- **Wachsglocke** (*Kirengeshoma palmata*): blüht gelb von August bis Oktober, mittelhoch bis hoch
- **Eisenhut** (*Aconitum* sp.): blüht violett von Juni bis Oktober, hoher Wuchs
- **Gelbes Riesenochsenauge** (*Telekia speciosa*): blüht von Juli bis August, hoher Wuchs
- **Silberkerze** (*Actaea* sp.): blüht von Juli bis Oktober, hoher Wuchs
- **Zypressen-Wolfsmilch** (*Euphorbia cyparissias*): blüht hellgelb bis dottergelb von Mai bis September, mittelhoch
- **Efeu** (*Hedelix* sp.): blüht weiß-grünlich von Oktober bis November, Kletterpflanze mit Haftwurzeln

Efeu mit bunt panaschiertem Laub

Die zarte Zypressen-Wolfsmilch bringt Helligkeit in dunklere Gartenbereiche.

Herbstzeitlose – ein Pflänzchen, das mit Vorsicht zu behandeln ist, da es giftig ist.

Lampionblume mit reifenden Samenkapseln

Die schönsten Farne

Farne bringen mit ihrer filigranen und dabei rätselhaften Ausstrahlung ein wenig Urzeitlichkeit in jeden Garten. Ihr besonderes Erscheinungsbild in vielen verschiedenen Grüntönen schmückt auch die schattigen Bereiche des Gartens vom Frühling bis zum Herbst und manchmal auch immergrün im Winter.

Farne mögen es, wenn sie viele Jahre ungestört an einem Ort stehen dürfen, auf einem Hochbeet sind sie daher eher fehl am Platz. Allerdings gibt es auch Spezialisten, die in den Spalten von trocken aufgeschichteten Hochbeeten oder Trockenmauern siedeln, und sogar Arten, die noch in kleinsten Ritzen von gemauerten Wänden einen Platz zum Leben finden.

Als sogenannte Nacktsamer produzieren sie Sporen, die für ihre Vermehrung sorgen. Auf diese Weise verbreiten sich Farne und bilden mit der Zeit dichte Bestände.

Viele Farnarten lieben vor allem die schattigen Gartenbereiche. Der Standort sollte ausreichend feucht und humusreich sein. Gerne wachsen sie dicht an die schattige Seite eines Hochbeetes geschmiegt. Sie scheinen zu wissen, dass in seinem Inneren wertvolle Komposterde heranreift, quasi ein unendliches Nährstoffreservoir in nächster Nähe, so dass hier Farne und viele Waldpflanzen prächtig gedeihen. Selbst auf sandigen Böden könnte man Farne ansiedeln, indem Grünabfälle und vor allem Laub auf einem Hügel kompostiert werden. Ist das Material gut zusammengesackt, was nach einigen Wochen – und beständigem Feuchthalten – der Fall sein sollte, wird eine ausreichend dicke Schicht Erde aufgebracht. Nun finden hier Farne oder andere stark zehrende Schattenpflanzen einen nahrhaften Untergrund.

Farne für den Schattengarten

- **Tüpfelfarn** (*Polypodium vulgare*): wintergrün, dunkelgrün, rot gepunktet, bis zu 20 cm hoch, eher schwachwüchsig
- **Zwergpfauenfarn** (*Adiantum aleuticum*): flache Wedel, niedrig
- **Pfauenradfarn** (*Adiantum pedatum*): helle Wedel auf dunklen Stielen, mittelhoch
- **Strauß-** oder **Trichterfarn** (*Matteuccia struthiopteris*): hellgrün, mittelhoch
- **Königsfarn** (*Osmunda regalis*): hellgrün mit schöner Herbstfärbung, bis zu 1,50 m hoch
- **Rippenfarn** (*Blechnum spicant*): wintergrün, hellgrün glänzend, bis zu 40 cm hoch
- **Glänzender Schildfarn** (*Polystichum aculeatum*): wintergrün, etwa 80 cm hoch
- **Goldschuppenfarn** (*Dryopteris borreri*): kräftig grün, in milden Gegenden wintergrün, mittelhoher bis hoher Wuchs
- **Wurmfarn** (*Dryopteris filix-mas*): filigran gefiederte Wedel, hoher Wuchs
- **Rotschleierfarn** (*Dryopteris erythos*): beim Austrieb kupferrot, später dunkelgrün, mittelhoher bis hoher Wuchs
- **Hirschzungenfarn** (*Asplenium scolopendrium*): wintergrün, hellgrüne glattrandige Blätter, mittelhoch

Ein Farnwedel entfaltet sich.

Austrieb des Rippenfarns im Schattengarten

Junger Austrieb der Hirschzunge

Echte Hirschzunge

Gewöhnlicher Tüpfelfarn (*Polypodium vulgare*) erobert die Krone einer Mauer.

Der Wurmfarn zeigt seinen starken Wuchs noch in der hintersten Gartenecke.

TOTHOLZ „BELEBT“ DAS SCHATTENBEET

Alte Baumstümpfe sind vor allem in schattigen Gartenbereichen wirkungsvolle Gestaltungselemente. Ein bizarr geformter Wurzelstock zieht sogleich alle Blicke auf sich. Er vereinigt Naturnähe mit dem Flair des Alten, Vergänglichen auf bezaubernde Art und Weise. Ausgesprochen gut verträgt sich das alte Holz optisch mit Rindenmulch und kleinen Farnen.

Natürlich können hier weitere interessante Gemeinschaften entstehen. Möglich wären Etagenprimeln, dekorative Gräser, Traubenlilie, das Schatten-Sedum, Moossteinbrech und viele mehr. Moose siedeln sich am schattigen Standort ganz von selbst an und überziehen das alte Holz schon bald sehr dekorativ mit einer grünen Patina. Und dann sind da noch die tierischen Bewohner: Der seltene

Eine junge Kröte ist auf der Suche nach einem schattigen, feuchten Plätzchen.

Moossteinbrech wächst in einer Kuhle des alten Wurzelstocks. Eine alte Wurzel darf so lange im Schattenbeet bleiben, bis nichts mehr von ihr übrig ist. Das langsam vergehende Holz bietet unzähligen tierischen Bewohnern Nahrung und Unterschlupf.

Nashornkäfer etwa lebt ausschließlich in der Nähe von halb verrottetem, morschem Holz. Tausende kleine Helfer, wie Asseln und Hundertfüßer, die auf dem Kompost oder dem alten Holz zuhause sind, dienen wiederum Vögeln oder Kröten als Nahrung. Letztere gehören ebenso zu den – sympathischen – Bewohnern von altem Holz im Schattenbeet.

HINWEIS! Totholz

Bitte keine größeren Mengen Totholz aus der Natur entnehmen! Naturverträgliche Quellen sind über das Forstamt oder Bauleiter und Gärtner zu erfragen: Altholz fällt häufig an, wenn Baumbestand einem Haus weichen muss, oder im Wald, wenn ausgelichtet und „aufgeräumt“ wird.

EINEN HOHEN KÜBEL AUS BETON – GANZ EINFACH SELBST GIESSEN

Beton im Garten ist beinahe für jede Gartensituation reizvoll. Gerade der Schatten sorgt dafür, dass Beton zeigen kann, was in ihm steckt. Feuchtigkeit und das Fehlen austrocknender Sonnenstrahlen lassen Beton besonders schnell vermoosen, was bei romantisch veranlagten Gärtnern ein Grund zur Freude ist!

Es gibt viele Wege, die Tröge und Kübel herzustellen. Wir möchten hier eine besonders einfache Möglichkeit zeigen, wie ein großer runder Kübel entsteht. Die nachfolgende Anleitung sollte auch handwerklich nicht so geschickten Gärtnern problemlos gelingen.

Materialliste

- 2 unterschiedlich große runde Maurerkübel
- etwa 100 kg Zement (Estrichbeton)
- 1 weiterer großer Kübel zum Mischen der Zementmasse
- 1 Pfund schwarzer Tee und Kokos-Blumenerde zum Färben der Zementmasse
- großer elektrischer Quirl als Aufsatz für eine Bohrmaschine oder ein anderes elektrisches Rührgerät für Zementmassen
- einfaches Speiseöl als Trennmittel + dicker Pinsel
- Mundschutz
- Kelle oder kleine Schaufel
- Wasserwaage
- Steine oder Sand zum Beschweren der Form
- 2 stabile Brettchen (mindestens 40 cm lang) als Abstandshalter
- 2 Schraubzwingen

Elfenkrokusse lieben einen Standort unter Laubbäumen. Nur im zeitigen Frühling, wenn die Bäume noch kein Laub tragen, erreicht die Sonne den Boden. Für den Rest des Jahres herrscht dort ein schattiges Umfeld.

Schritt 1 – Vorbereitungen treffen

Von zwei unterschiedlich großen Kübeln, deren Durchmesser mindestens 10 cm voneinander abweicht, wird der größere von innen und der kleinere Kübel von außen mit Öl eingepinselt. Das Öl dient als Trennmittel, damit sich der gehärtete Zement später leichter aus seiner Form lösen lässt.

Schritt 1.1 Es werden zwei stabile Mörtelkübel benötigt, deren Abstand rundum, wenn man sie ineinander stellt, mindestens 5 cm beträgt (= spätere Wandstärke des fertigen Kübels).

Schritt 1.2 Der große Kübel erhält einen ebenen Standort, der mit der Wasserwaage geprüft wird.

Schritt 1.3 Der kleine Mörtelkübel wird probeweise in den großen gestellt. Nun wird der Abstand von seinem Rand zum oberen Rand des großen Eimers gemessen. So können wir später die Dicke des Trogbodens festlegen. Diese soll mindestens 5 cm betragen.

In einem dritten Kübel wird eine größere Menge Zementmasse (z. B. Estrichbeton) mit einem elektrischen Rührgerät (Quirlaufsatz) zu einem zähen Brei verrührt und gegebenenfalls mit färbenden Substanzen angereichert (siehe rechts).

Die Zementmasse wird in den großen Kübel gegeben, der kleinere Kübel hineingestellt und mit Steinen beschwert, so dass er in den Beton einsinkt. Wichtig ist eine exakt waagerechte Ausrichtung der Formen, damit später ein formschöner Kübel entstehen kann.

Schritt 2 – Anmischen und Einfärben der Betonmischung

Schritt 2 Zuerst wird Wasser in einen großen Mörteleimer gegeben, anschließend nach Packungsanweisung eine entsprechende Menge Estrichbeton hinzugefügt, so dass eine dicke, zähflüssige Zementmasse entsteht. Ein elektrisches Rührgerät erleichtert das Mischen ungemein.

Zum dekorativen Einfärben der Zementmasse können folgende natürliche Materialien zum Einsatz kommen:

- starker schwarzer Tee (anstelle des Wassers)
- feinbröselige Kokoserde (Kokosblöcke vorher in Wasser einweichen und aufbröseln)
- dunkle, sehr fein krümelige Blumenerde (z. B. Graberde)
- im Fachhandel erhältliche Farbpigmente (speziell für Zement)

HINWEIS! Farbpigmentanteil

Die färbenden Zusätze dürfen höchstens zu einem zehntel Anteil an der Zementmasse zum Einsatz kommen, anderenfalls würde die Stabilität des fertigen Troges leiden!

Schritt 3 – Eingießen der Betonmasse und Ausrichten der Formen

Schritt 3.1 Die Zementmasse wird in den größeren Kübel gegeben, bis dieser zu rund 1/3 angefüllt ist.

Schritt 3.2 (rechts) & Schritt 3.3 (links unten) Nun wird der von außen eingeölte kleinere Kübel auf den Zement gesetzt und im Inneren mit Steinen beschwert. Der Kübel wird kräftig in den Zement gedrückt, bis sein oberer Rand sich auf gleicher Höhe mit dem Rand des großen Kübels befindet.

Schritt 3.4 Mit Hilfe von Schraubzwingen und einigen stabilen Brettchen werden die beiden Kübel zueinander ausgerichtet. Der Abstand der Mörtelwannen ...

... zueinander sollte gleichmäßig groß, die Ausrichtung beider Wannen exakt in der Waage sein, was mit einer Wasserwaage nochmals kontrolliert werden sollte.

HINWEIS! Genau ausrichten

Man sollte sich für das Ausrichten der Gießformen, in diesem Fall der beiden Mörtelwannen, ausreichend Zeit nehmen, da die Lage der Form während des Aushärtens über die spätere Schönheit des Kübels bestimmt!

Während der Aushärtung der Zementmasse sollten weder zu hohe noch zu tiefe Temperaturen auf den Zement einwirken. Minusgrade sind ebenso tabu wie auch starke Sonneneinstrahlung. Um Risse im Beton zu vermeiden, hat sich eine Beschattung der Formen bewährt sowie Wasser, welches man in einer dünnen Schicht in den Zwischenraum der beiden Mörteleimer direkt auf den Zement gießt.

Schritt 3.5 Mit Schmiergelpapier wird die Oberfläche des Troges geglättet.

Nach etwa zwei bis drei Tagen (je nach Außentemperatur) werden die Schraubzwingen gelöst und die innere Schale wird vorsichtig herausgehoben.

Nun kann der obere Rand sowie auch der Innenraum mit Schleifpapier glatt geschmirgelt werden.

Will man den Kübel als Pflanztrog nutzen, sollte man nun einen Abzug hineinbohren. Dazu kann eine Bohrmaschine genutzt werden. Alternativ kann dieser Abzug auch mit einem spitzen Schraubenzieher manuell hineingestochen werden. Ohne Abzug kann der Trog auch als Brunnen für Wasser genutzt werden.

Um den Kübel dann endgültig aus seiner Form zu holen, wird zunächst die kleinere Innenform zur Stabilisierung wieder hineingestellt, dann wird der ganze Kübel sehr vorsichtig herumgedreht und die äußere Form abgehoben. Manchmal hängt der Beton etwas fest, dann muss man ggf. etwas ruckeln. Damit hier nichts kaputt geht, darf der Kübel keinesfalls zu früh aus seiner Form geholt werden. Man sollte ihn schon rund eine Woche in Ruhe aushärten lassen!

Konnte die Außenform abgelöst werden, wird nun der Kübel wieder – sehr vorsichtig – herumgedreht und die Innenform entnommen.

TIPP! Patina

Möchte man einen bemoosten Kübel haben, stellt man ihn bevorzugt im Schatten unter Bäumen auf, dann setzt der Trog rasch eine hübsche Patina aus Moosen und Flechten an.

Schritt 3.6 Den Kübel mitsamt der Innenform vorsichtig umdrehen.

Schritt 3.7 Die Innenform wird entfernt.

Schritt 3.8 Der Kübel kann nun nach Belieben noch etwas nachgearbeitet werden (mit Feile, Schmirgelpapier oder Drahtbürste).

Ein großer Kübel aus Beton wartet auf seinen Einsatz im Garten!

DER WURZELGARTEN

Seit 2012 wohnen wir recht ländlich und in Waldnähe im östlichen Nordrhein-Westfalen. In unserem neuen Garten fanden wir bei unserem Einzug einen stattlichen Baumbestand vor, der sich überwiegend aus Fichten zusammensetzte. Einige von ihnen mussten gefällt werden, so dass es nicht allzu lange dauerte, bis etliche Baumwurzeln im Garten lagerten. Weitere Wurzeln bekamen wir von Freunden geschenkt, die anscheinend nicht allzu viel damit anfangen konnten. Was lag daher näher, als aus ihnen einen kleinen Wurzelgarten anzulegen?

Natürlich hätte man die Wurzeln einfach so auf den Boden legen können, aber dann wären sie doch nicht so schön zur Geltung gekommen als in einem eigens dazu angelegten Beet, welches außerdem dauerhaft frei von Unkraut blieb, so dass neben dem schönen Effekt des mit Edelkies belegten Untergrundes auch eine Verminderung von lästigem Unkrautjäten einherging.

Für den mit Totholz bestückten sonnigen Standort gilt selbstverständlich, was schon im Schattengarten beschrieben wurde: Pflanzen und Tiere finden hier Nahrung und Lebensräume, so dass es sich bei dem neuen Beet auch um einen wertvollen Beitrag zum naturnahen Garten handelte!

Materialliste
- Unkrautfolie
- 1 Schubkarre Sand
- farbiger Kies/Split
- Steine zum Einfassen des Beetes
- einige alte Wurzeln zum Bepflanzen

Das Material für das Wurzelbeet

ANLAGE EINES RUNDBEETES SCHRITT FÜR SCHRITT

Ein Rundbeet im Garten setzt immer einen Blickpunkt, der harmonisierend auf das Gesamtbild der Gartenanlage wirkt. Runde Formen sind stets natürlicher als rechteckige. Mit ein wenig Vorbereitung braucht man nur etwa einen halben Tag, um den kreisrunden „Präsentierteller“ für die gesammelten Wurzelstöcke herzurichten.

Schritt 1 Man setzt einen Stock in die Mitte des späteren Rundbeetes, bindet eine Schnur locker daran fest und markiert den Rand des Beetes im gleichen Radius rundum mit einem Spaten.

Schritt 2 + 3 Nun wird die gesamte Kreisfläche rund 10 bis 15 cm tief ausgehoben und ggf. vorhandene Wiese/Rasen vollständig entfernt, anschließend eine dünne Schicht Sand über die Fläche verteilt.

Schritt 4 + 5 Die Unkrautfolie wird aufgelegt und ausgeschnitten. Die Folie an den Rändern nach oben biegen, so kann auch seitlich kein Unkraut hineinwachsen! Nun wird die zweite Hälfte des Sandes auf die Fläche gegeben.

Schritt 6 Den Sand auf der Folie gleichmäßig verteilen. Vorsicht: Die Folie dabei nicht durchstechen.

Schritt 7 Pflastersteine werden dicht an den Rand gelegt, so dass eine hübsche Einfassung entsteht.

Schritt 8 Der farbige Kies wird eingestreut und gleichmäßig auf der Fläche verteilt. Das ergibt einen schönen Kontrast zu den alten Wurzeln.

Schritt 9 Die alten Wurzeln werden auf der Fläche verteilt.

Schritt 10 In vorhandene Hohlräume der Wurzel wird Pflanzsubstrat (Humus mit etwas Lehm und feinem Split versetzt) gegeben, anschließend werden Hauswurz, Heidenelken, Mauerpfeffer und viele andere Gewächse in diese Mulden eingesetzt.

Einige Wochen später sind die Pflanzen bereits gut angewachsen.

DER VERTIKALE SUMPFGARTEN

Mit wenig Aufwand lassen sich viele verschiedene Standorte im Garten erschaffen. Nichtsdestoweniger sollte man versuchen, die vorhandenen Gegebenheiten in die Gartenplanung bestmöglich zu integrieren. Es würde viel Mühe machen, einen Garten in Flussnähe zu einem Trockenbiotop umzugestalten oder in einem Heidegarten eine Feuchtwiese anzulegen.

WAS IST EIN SUMPFBEET?

Ein natürliches Sumpfbeet im Garten kann an einem Standort entstehen, an dem sich immer wieder, also in relativ regelmäßigen Abständen, das Wasser zu kleinen Pfützen staut. Die übrige Zeit ist der Boden feucht bis sumpfig, er ist maximal nur an wenigen Tagen im Jahr

Schlüsselblumen und Wiesenschaumkraut blühen einträchtig nebeneinander.

komplett ausgetrocknet. An einem solchen Naturstandort können entsprechende Sumpfpflanzen ausgesät oder gepflanzt werden.

Da in den meisten Gärten keine natürlichen Sumpfgebiete vorhanden sind, können sumpfige Standorte leicht nachempfunden werden, indem man wasserdichte Gefäße nutzt und diese entweder mit Erdreich und/oder mit Kies und Wasser füllt. Je nach Bedürfnis der Wunschpflanzen kann ein feuchter oder nasser Standort entstehen, ja selbst ein kleiner Teich ist möglich. Diese Art Sumpfgärten sind schon auf kleinstem Raum möglich, wenn man hohe, schmale Gefäße wählt. Sogar eine Aufstellung auf einem Balkon ist gut möglich. Die Schönheit der Sumpfpflanzen macht jede Mühe wett.

Neben der Möglichkeit, fertige Pflanzen einzusetzen, kann natürlich auch eine kleine Sumpfwiese im Kübel entstehen. Hochwertige Samenmischungen hält der Fachhandel für jeden nur erdenklichen Standort bereit. Empfehlenswert sind folgende Samenmischungen:

- Samenmischung „Feuchtwiese“ sowie
- Samenmischung „Sumpf-/Ufervegetation“ (Bezugsquellen im Anhang).

Für eine Kultur im Sumpfgefäß eignen sich viele Pflanzen, bewährt haben sich: Schwertlilien, Kuckuckslichtnelken, Sumpf-Vergissmeinnicht, Bach-Nelkenwurz, Gilbweiderich, Pfennigkraut, Himmelsleiter, Beinwell, Schachbrettblume, Trollblume oder Blutweiderich.

Aber auch mit den übrigen Pflanzen der Liste unten kann man sein Glück im Kübel versuchen.

DIE SCHÖNSTEN PFLANZEN FÜR SUMPF- UND FEUCHTGEBIETE

Pflanzen von sumpfigen oder sehr feuchten Standorten besitzen oft einen ganz besonderen Zauber, ihre Blüten sind farblich häufig recht satt und leuchtend, das Laub frisch und ihre Wuchsform meist ausgefallen. Man denke nur an die wunderbaren Schachbrettblumen, die schmetterlingsförmigen Blüten der Schwertlilien, die fabelhafte Trollblume oder die zarten, federartig blühenden Prachtnelken ...

Neben ihrer bewundernswerten Schönheit können wir außerdem so manchen ungewöhnlichen Blütenbesucher beobachten, wie etwa hübsche Sandbienen an der Kuckuckslichtnelke, die Pelzbiene an der Sumpf-Schwertlilie, Grabwespen an der Trollblume oder den herrlichen Aurorafalter am Wiesenschaumkraut.

In der nachfolgenden Liste werden die schönsten Pflanzen für einen sumpfigen Standort aufgezählt.

Pflanzen für feuchte oder sumpfige Standorte

- **Sumpfdotterblume** (*Caltha palustris*), gelb blühend
- **Blutweiderich** (*Lythrum salicaria*), lila-pink blühend
- **Gemeiner Gilbweiderich** (*Lysimachia vulgaris*), gelb blühend
- **Pfennigkraut** (*Lysimachia nummularia*), gelb blühend, Bodendecker
- **Schlank-Segge** (*Carex gracilis*), dekoratives Gras
- **Sibirische Schwertlilie** (*Iris sibirica*), blau blühend
- **Rotes Leimkraut** (*Silene dioica*), rosa blühend
- **Sumpf-Vergissmeinnicht** (*Myosotis palustris*), himmelblau blühend
- **Sumpfschwertlilie** (*Iris pseudoacorus*), gelb blühend

Das Sumpfbeet-Trio wurde mit Beinwell (linker Kübel), Sumpf-Vergissmeinnicht und Kuckuckslichtnelke (hinterer Kübel) sowie Bachnelkenwurz (Kübel vorne) bepflanzt.

- **Sumpf-Calla** (*Calla palustris*), weiß blühend
- **Prachtnelke** (*Dianthus superbus*), rosa blühend
- **Wasserminze** (*Mentha aquatica*), lila blühend
- **Echtes Mädesüß** (*Filipendula ulmaria*), cremefarben blühend
- **Flatter-Binse** (*Juncus effusus*)
- **Weiß-braun-rötliche Sumpfwurz** (*Epipactis palustris*)
- **Bach-Pestwurz** (*Petasites hybridus*)
- **Sumpf-Wolfsmilch** (*Euphorbia palustris*), gelb blühend
- **Polster-Weidenröschen** (*Epilobium inornatum*)
- **Aufrechtes Scheidenwollgras** (*Eriophorum vaginatum*)
- **Sumpfmalve** oder **Sumpfeibisch** (*Hibiscus moscheutos*), rosa blühend
- **Elfenbeingelbe Scheinkalla** (*Lysichiton americanus*)
- **Gauklerblume** (*Mimulus* sp.), gelb und rot blühend
- **Schlangenbart** (*Ophiopogon japonicus*), blau blühend
- **Herzblatt** (*Parnassia palustris*), weiß blühend
- **Sumpf-Hahnenfuß** (*Ranunculus lingua* 'grandiflora'), gelb blühend
- **Duftender Echsenschwanz** (*Saururus cernuus*), weiß blühend
- **Wiesenbeinwell** (*Symphytum officinale*), weiß oder lila blühend
- **Trollblume** (*Trollius europaeus*), goldgelb blühend, sehr selten
- **Bachnelkenwurz** (*Geum rivale*), lachsrosa blühend
- **Schachbrettblume** (*Fritillaria meleagris*), violett oder weiß blühend
- **Wasserdost** (*Eupatorium cannabinum*)
- **Sumpfstorchschnabel** (*Geranium palustre*)
- **Wiesenschaumkraut** (*Cardamine pratensis*)
- **Sumpfhornklee** (*Lotus uliginosus*), gelb blühend
- **Kuckuckslichtnelke** (*Lychnis flos-cuculi*), rosa blühend
- **Schlangenknöterich** (*Polygonum bistorta*), rosa blühend
- **Sumpfprimel** (*Primula rosea*), pink blühend
- **Sumpfgladiole** (*Gladiolus palustris*), purpurrot blühend
- **Knoblauchartiger Lauch** (*Allium scorodoprasum*)
- **Waldengelwurz** (*Angelica sylvestris*), grün-rötlich blühend
- **Kleiner Klappertopf** (*Rhinanthus minor*), gelb-violett blühend

- **Spargelschote** (*Tetragonolobus maritimus*), schwefelgelb blühend, niederliegend
- **Gewöhnlicher Teufelsabiss** (*Succisa pratensis*)
- **Hohe Schlüsselblume** (*Primula elatior*), hellgelb blühend
- **Moorveilchen** (*Viola uliginosa*)
- **Sumpfblutauge** (*Comarum palustre*)
- **Gelbrote Taglilie** (*Hemerocallis fulva*), blassrot blühend
- **Himmelsleiter** (*Polemonium caeruleum*), himmelblau blühend

Beinwell ist ebenfalls ein Liebhaber feuchter Böden.

Sumpfcalla (links) und Sumpfdotterblume (rechts) am Ufer eines künstlich angelegten Bachlaufs

Rotes Leimkraut

Kuckuckslichtnelken

Auch ohne farbige Blütenpracht ist die Pestwurz dekorativ, vor allem in sumpfigen Uferzonen. Interessant ist die Pflanze auch in der Naturheilkunde, da ihr eine Wirkung gegen Migräne nachgewiesen wurde.

Einfach nur bezaubernd: Trollblume am Teichrand

Die Bachnelkenwurz besitzt nickende Blüten und bezaubernde Samenstände.

Selbst gelegentliche Überschwemmungen machen ihnen nichts aus, den auffallend gemusterten Schachbrettblumen. Es gibt sie in zwei Farbvarianten, eine schöner als die andere. Sie können daher auch in einem Kübel ohne Abzugsloch kultiviert werden.

WINTERSCHUTZ WIRD BENÖTIGT

Nicht die Pflanzen müssen im Winter geschützt werden, da sie allesamt frostfest sind, vielmehr benötigen die Kübel einen Schutz. Empfindliche Keramiktöpfe würden zerspringen, wenn sie komplett durchfrieren. Entweder man bringt sie an einen frostfreien, aber dennoch hellen Ort (Garage etc.) oder man muss sie komplett ausleeren und wenigstens für die kältesten Monate im Jahr kopfüber lagern. Die Pflanzen können in dieser Zeit in ein normales Beet gesetzt werden. Sie befinden sich in der kalten Zeit in einer Ruhephase, benötigen daher nicht so viel Wasser. Dennoch sollte man sie regelmäßig gießen, damit das Erdreich nie ganz trocken wird.

BEGRÜNTE NISTHILFEN IN EINER MINI-BLUMENWIESE

Blühende Blumenwiesen sind der Inbegriff unversehrter Natur-Romantik und für manch einen stehen sie symbolisch auch für ein Stück „heile Welt“. Man verbindet die weiten Wiesen und ihre bunten Blüten mit Sommer, Sonne und Lebensfreude.

Und dabei gibt es den Standort der „Blumenwiese“ in der Natur nur ausgesprochen selten. Lediglich an Orten, an denen die Konkurrenz der Gehölze fehlt, können natürliche Wiesen entstehen. Das wäre am ehesten auf sandigen Dünen, in Sumpfgebieten, im Gebirge oder auf extrem salzigem Grund der Fall.

Die meisten bestehenden Wiesen sind daher als Kulturgüter einzustufen. Sie sind irgendwann einmal von Menschenhand erschaffen worden und bedürfen in jedem Jahr einer mindestens einmaligen Mahd für ihren Erhalt.

Viele naturbewusste Gärtner träumen von einer blühenden Wiese vor der eigenen Haustür. Doch die wenigsten haben auch den entsprechenden Platz, um dieses umwelt- und naturfreundliche Projekt zu verwirklichen. Häufig sind auch die technischen Voraussetzungen nicht gegeben, so dass mit viel Fleißarbeit erst ein Standort geschaffen werden muss, der den Wiesenblumen behagt.

Erst der Mangel treibt die schönsten Blüten, so dass in den meisten Fällen der Boden am Standort der geplanten Wiese vor der Einsaat erst noch abgemagert werden muss. Wenn jedoch gänzlich kontraproduktive Standortbedingungen herrschen, wie es vor allem in eher feuchten Gärten mit schweren, lehmigen Böden der Fall ist, wäre der Arbeitsaufwand für die Anlage einer größeren Blumenwiese immens groß.

Dennoch muss niemand auf ein wenig Blumenwiesen-Romantik im eigenen Garten verzichten: Eine Mini-Blumenwiese passt praktisch in jeden Garten, egal welcher Größe und vorherrschenden Standortbedingungen. Der Arbeitsaufwand, der zur Anlage einer Mini-Wiese nötig ist, hält sich außerdem in Grenzen.

Wie schon beim „Wurzelbeet“ (Seite 120) geschehen, wird wiederum eine kreisrunde Fläche aus dem bestehenden Rasen herausgestochen, durch Kantensteine abgegrenzt, das Erdreich abgemagert und eine Blumenwiesenmischung eingesät.

Doch möchten wir auch hier eine senkrechte Komponente mit ins Spiel bringen und so konstruierten wir Nisthilfen für solitär lebende Bienen und Wespen, die auf einen Stecken gesetzt und bestückt mit einem begrünten Dach über der Wiese und inmitten der Blüten zu schweben scheinen. Das ist nicht nur für uns Gärtner praktisch, auch die Bienen erhalten hierdurch „kurze Wege“ von der Blüte zur Niströhre!

DIE ANLAGE DER MINI-BLUMENWIESE SCHRITT FÜR SCHRITT

Schritt 1 Nach dem Entfernen der Grasnarbe wird das Erdreich mindestens 15 cm tief ausgehoben.

Schritt 2 Split wird am äußeren Beetrand aufgebracht. Mit Hilfe einer sogenannten „Lehre" wird der Split so verteilt, dass stets die gleiche Höhe zur Grasnarbe vorhanden ist, so dass nun die Kantensteine ganz einfach aufgelegt werden können.

Schritt 3 Sie schließen nun automatisch mit dem Rasen rundum auf gleicher Höhe ab.

Schritt 4 Mit Hilfe eines Gummihammers werden die Kantensteine ausgerichtet, so dass sie eine harmonische Linie bilden.

Schritt 6 Die Erdmischung wird in das Beet gefüllt und mit einem Dreizahn gründlich gemischt und eingearbeitet. Abschließend werden die Fugen zwischen den Randsteinen mit Sand aufgefüllt.

Schritt 5 Damit die Wiesenblumen auf einen mageren Boden treffen, wird nun ein Substrat gemischt. Ideal ist eine Mischung aus je einem Drittel Split/Kies, Sand und humoser Gartenerde.

In dem gut vorbereiteten Beet kann die Saat nun dünn aufgestreut werden. Die Samen werden nur sehr leicht und oberflächlich eingearbeitet, da viele Wiesenpflanzen zu den Lichtkeimern gehören. Sie sollten daher obenauf liegen bzw. nur ganz dünn mit Substrat bedeckt sein.

Im Fachhandel werden bereits fertige Blumenwiesenmischungen angeboten. Hier sollte man vor allem auf Qualität achten. Die Aussaat einzelner Pflanzenarten wäre dagegen recht mühselig und auch kostspielig, sollte man vorhaben, diese käuflich zu erwerben.

Die ersten Samen laufen auf …

Ungewöhnlich ist die Musterung der Blätter der Mariendistel.

Das Sammeln von kleinen Mengen Saatgut aus der Natur ist ebenfalls erlaubt. Schaden kann es natürlich nicht, wenn einzelne, besonders schöne oder nützliche Arten zusätzlich zu einer fertigen Wiesenmischung in die Wiese eingesät oder als Pflanzen eingesetzt werden.

Aus aktuellem, traurigem Anlass (Bienensterben bzw. auch Insektensterben ganz allgemein) werden oftmals Mischungen zum Schutz bestimmter Insektenarten im Handel angeboten. Handelt es sich hier um Qualitätsware, sind diese ebenfalls zu empfehlen. Zwar handelt es sich dann meist nicht mehr um klassische Wiesengemeinschaften, nützlich für Natur und Umwelt sind die Blühpflanzen jedoch alle Male.

Wiesenmischungen für Wildbienen, Hummeln oder Schmetterlinge sind hochwertige Nektar- und Pollenergänzungen für die heimische Insektenwelt und daher unbedingt empfehlenswert (Bezugsquellen befinden sich im Anhang).

SCHÖN UND NÜTZLICH: WIESENPFLANZEN IM PORTRAIT

Färberkamille oder Färber-Hundskamille (*Anthemis tinctoria*)

Eine Pflanze beinahe für jeden Boden, doch liebt die Färberkamille mit ihrem graublauen gefiederten Laub und den sonnengelben Blüten vor allem die eher mageren und trockenen Böden. Hier kann sie wahrhaft zeigen, was in ihr steckt.

Die üppige Blütenpracht, bestehend aus kleinen bis mittelgroßen Korbblüten an kurzen Stielen zieht Unmengen an Insekten wie ein Magnet an: seltene **Seidenbienen**, **Masken-** oder **Mauerbienen** gehören hier ebenso zu den Besuchern wie auch Furchen- und Löcherbienen, Bockkäfer sowie solitär lebende **Grab-**, **Schlupf-** und **Wegwespen**.

Je magerer der Standort, desto üppiger blüht die Färberkamille.

Goldwespe (Chrysididae)

Wiesenflockenblume (*Centaurea jacea*)

Mit ihrem aufrechten und verzweigten Wuchs behauptet sich die Wiesenflockenblume auch noch in höheren Wiesen. Nektar suchende Insekten finden die violetten Korbblüten auch noch in der dichtesten Wiese, denn die Wiesenflockenblume ist in der Tierwelt äußerst beliebt.

Sage und schreibe **39 Wildbienenarten** sammeln hier Pollen. Daneben finden sich auch Hummeln, Schmetterlinge, wie Schachbrett und Widderchen, sowie einige Käfer und Bohrfliegen auf den Blüten ein. Neben den wunderschönen Blüten stehen auch das Blatt und die Samen hoch im Kurs bei etlichen Falterraupen sowie Distel- und Grünfink, die sich über die reifen Samen hermachen.

Wiesenflockenblumen sind in der Tierwelt äußerst beliebt.

Wiesensalbei (*Salvia pratensis*)

Auf eher trockenen Lehmböden fühlt sich der Wiesensalbei wohl, dabei bevorzugt er die kalkreichen Standorte ganz besonders und dankt es mit einer immensen Blütenfülle. Die dunkelblauen bis violettfarbenen prachtvollen Blüten erscheinen an langen Scheinähren im Hochsommer. Sie werden ganz besonders von Hummeln besucht, speziell die hübsche **Steinhummel** zeigt sich hier gerne. Daneben könnte man jedoch auch eine von 24 Wildbienenarten hier sichten, dazu zählen **Sandbienen, Blattschneiderbienen, Furchen-** und **Holzbienen**. Auch einige Käfer ernähren sich von der schmucken Wiesenpflanze.

Kontrastreich: Wiesensalbei vor Currykraut

Knospiger Blütenstand der Gewöhnlichen Pechnelke

Die Blüten des Taubenkropf-Leimkrauts haben Seltenheitscharakter.

Gewöhnliche Pechnelke (*Lychnis viscaria*)

Die Pechnelke liebt sandige Böden und kommt sowohl in der Heide als auch am Waldrand, auf Halbtrockenrasen oder am Wegrand vor. Besonders willig blüht sie ab Mai in voller Sonne, wenngleich sie auch im Halbschatten gedeiht. In jedem Fall übt sie vornehme Zurückhaltung ihren Nachbarn gegenüber und wer sie im Garten hat, kann sich eigentlich nur freuen.

Neben ihrer überaus aparten Schönheit zieht die Pechnelke auch viele schöne **Tagfalter** und zahlreiche **Hummeln** an, die sich an ihren wunderschönen kräftig rosa gefärbten Blüten laben. Die Samen der Pechnelke ernähren hingegen weitere Falter, wie etwa Seifenkrauteule oder Kleine Nelkeneule.

Taubenkropf-Leimkraut (*Silene vulgaris*)

Anpassungsfähige aufrecht wachsende Staude mit sehr ungewöhnlichen Blüten, die ein wenig an den aufgeblasenen Kropf einer Taube erinnern. Man trifft das zierliche Kraut sowohl auf mageren Trockenrasen wie auch auf fetteren Wiesen oder am Saum von Gehölzen. In jedem Fall benötigt die Pflanze einen sonnigen Platz, dann breitet sie sich willig aus und zeigt von April bis September ihr bizarres Blütenspiel.

Angezogen fühlen sich von diesen etliche **Nachtfalter** und auch **Hummeln**. Das Laub der Pflanze ist beim Eulenfalter begehrt.

Orangerotes Habichtskraut (*Hieracium aurantiacum*)

Mit ihren auf langen, aufrechten Stängeln sitzenden orangeroten Blütenbüscheln ist das Orangerote Habichtskraut an Anmut kaum zu übertreffen. Diese Pflanze liebt das Licht und die Freiheit. Auf einer nicht allzu häufig gemähten Wiese fühlt sie sich ebenso wohl wie an einem sonnigen Wegrand, auf einer Böschung oder im Magerrasen. Dann kann sie sich zuweilen stark über Ausläufer ausbreiten.

Aber das sollte kein Grund zum Ärger sein, denn ihr Erscheinen erfreut nicht nur unser Auge, sondern auch rund zehn Wildbienenarten, wozu **Sand-**, **Furchen-** und **Glanzbienen** gehören, wie auch unsere **Honigbiene** sowie zahlreiche **Hummeln**, **Schwebfliegen** und **Tagfalter**.

Heidenelke (*Dianthus deltoides*)

Wer ihren Blütenrausch einmal miterlebt hat, der möchte diese polsterbildende Staude mit rosaroten bis purpurnen Blüten nicht mehr missen. Ihre kriechenden Polster kaschieren einfach alles: zerbrochene Schalen, Holzreste, Steinhaufen und jede andere unschöne, jedoch sonnige Ecke im Garten, wobei auch ein halbschattiger Platz noch toleriert wird. Nur sehr kalkreiche Böden meiden die Allround-Talente.

Da sie nur wenig Substrat benötigen, können sie auch wunderbar in Kübeln, Kannen oder Töpfen kultiviert werden. Mit etwas Glück kommt dann der **Zitronenfalter** zu Besuch und manchmal auch das **Taubenschwänzchen** oder die seltene **Keulhornbiene**.

In einer kleinen Mini-Blumenwiese kommt die Heidenelke am besten zur Geltung, wenn man sie in einem dekorativen Pflanzgefäß in die Wiese hineinstellt, da sie ansonsten von den höher wachsenden Wiesenblumen verdrängt werden würde. Zum Mähen der Wiese stellt man das Gefäß dann zur Seite.

Heidenelken lieben einen Standort im Trog, in einem Krug oder in einem zerbrochenen Topf.

Anmutig und schön ist das Orangerote Habichtskraut.

Honigbienen finden reichlich Nahrung an den Blüten der kleinen Blumenwiese.

INSEKTEN UND BLUMEN – EINE NATÜRLICHE EINHEIT

Was wären die Blüten ohne Insekten, was Insekten ohne Blüten? Beide gehören zusammen und gewährleisten das Fortbestehen von Leben auf diesem Planeten. Damit vor allem wild lebende Bienen und Wespen rasch einen Platz finden, um ihre Gelege in Niströhren abzulegen, ist es ratsam, sogenannte Insektennisthilfen in der Nähe der wertvollen Bienenpflanzen anzubieten. Und näher zu den Blüten als unsere auf Stelzen in die Wiese gesetzten Nisthilfen geht es tatsächlich nicht mehr für die Nektar und Pollen sammelnden Insekten. Wenn dann die Nisthilfe noch ein begrüntes Dach erhält, umso besser.

Ein funktionierender Naturkreislauf sowie spannende Beobachtungen sind garantiert, wenn ausreichend Nisthilfen für Insekten an geschützter, sonniger Stelle aufgestellt werden.

Nisthilfen mit begrünten Dächern und auf Pfähle gesetzt setzen ganz wunderbare Akzente im Blumenbeet.

So funktioniert der Bau der Nisthilfen Schritt für Schritt

Schritt 1 Mit einer Kreissäge wird ein Stamm oder stärkerer Ast einer Hartholzart (Buche, Eiche, Nussbaum etc.) seitlich abgesägt, so dass eine glatte Fläche entsteht.

Schritt 2 Der an einer Seite abgesägte Stamm wird in handliche Stücke gesägt, die auf ihrer Oberseite nach hinten ganz leicht abfallen sollten.

HINWEIS! Faserrichtung beachten

Bitte immer in Längsrichtung sägen und nicht, wie oft gesehen, quer zur Holzfaser. Das mögen die wilden Bienen nicht so gerne.

Schritt 3 Mit einer Bohrmaschine und speziellen Holzbohrern der Stärken 2 bis 10 mm werden Löcher in den Holzblock gebohrt. Die Löcher sollten entweder ganz gerade in das Holz gebohrt werden oder sie richten sich ganz leicht abwärts, damit kein Wasser in die Röhren hineinlaufen kann.

Schritt 4 Falls die Pflanztöpfe noch keine Abzugslöcher haben, müssen diese hineingebohrt werden: Eines in der Mitte des Topfbodens und eines am unteren Rand der Schale.

HINWEIS! Keine Schlagbohrer

In Ton oder Keramik können Löcher mit einer Bohrmaschine, aber immer „ohne Schlag" hineingebohrt werden.

Damit die Nisthilfen auf runde Pfähle gesetzt werden können, müssen sie ein Loch in ihrer Unterseite bekommen. Sogenannte Flachfräsbohrer gibt es als Aufsatz für jede normale Bohrmaschine in verschiedenen Größen und man richtet sich dabei nach dem Durchmesser des vorhandenes Pfahls, verwendet aber im Zweifelsfall besser den etwas kleineren Bohrer. Passt der Pfahl nicht in das Bohrloch, kann man hier immer noch etwas nacharbeiten oder schleifen, um ihn passend zu machen. Die Nisthilfe sollte schon sicher und fest auf dem Pfahl sitzen, damit sie nicht herabfallen kann. Der Pfahl sollte auf der anderen Seite gut angespitzt sein, damit man ihn gut in den Boden bekommt.

Am sinnvollsten wäre es, zuerst die Nisthilfe auf den Pfahl zu setzen, diese dann am Standort in den Boden zu schlagen und erst ganz am Schluss den Pflanztopf aufzuschrauben!

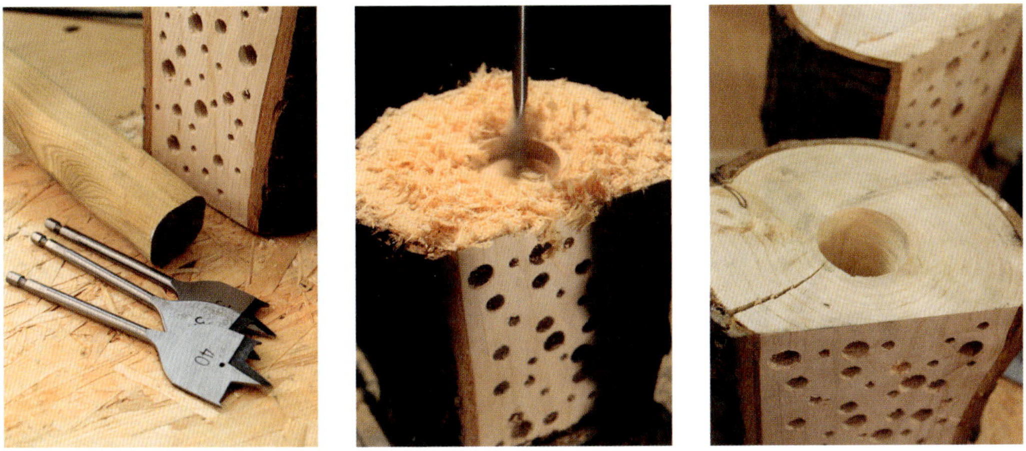

Schritt 5 Um die Nisthilfe auf einen Pfahl zu setzen, wird ein entsprechend großes Loch mit Hilfe eines Flachfräsbohrers von unten hineingebohrt.

Erst nachdem die Nisthilfen am Standort mit dem Pfahl in den Boden eingeschlagen wurden, werden die Töpfe auf das Dach der Nistblöcke geschraubt. Um den Topf zu schonen, wird eine Unterlegscheibe (Foto rechts) aufgelegt.

Die Töpfe werden mit einer Unterlegscheibe auf das Dach geschraubt.

HINWEIS! Regenschutz

Die als Dach verwendeten Pflanztöpfe dürfen vom Durchmesser her ruhig deutlich größer als der Nistblock sein, damit sie gleichzeitig ein Regenschutz für die darunter befindlichen Bohrlöcher sind.

Ein selbst gebautes Insektenhotel bietet Wildbienen Wohnräume. Man sollte es in der Nähe der Nektarpflanzen aufstellen.

NISTHILFEN FÜR EILIGE – SELBST GEMACHT

Sicher geht es vielen ambitionierten Naturgärtnern manchmal so: Man möchte unbedingt etwas für die Artenvielfalt im Garten tun, nur fehlt gerade die Zeit, sich intensiv zu engagieren.

Leider sind viele gängige, im Handel erhältliche Insektenhotels gar nicht so wertvoll, wie ihr Name uns glauben lässt. Am sichersten wäre daher ein Eigenbau. Dies ist allerdings, wie man in obiger Anleitung sehen kann, meist mit etwas Arbeit verbunden.

Was jedoch nicht jeder weiß: Niströhren müssen nicht zwingend per Bohrmaschine in einen Hartholzblock gebohrt werden. Wahlweise können hohle Halme gebündelt werden und für besonders Eilige können diese sogar schon fix und fertig gekauft werden (Bezugsquellen im Anhang).

Ein entsprechendes Behältnis hat fast jeder irgendwo zuhause herumliegen, in Form von kleinen Kisten, alten Dosen etc.

Fertige Niströhren und alte Kisten ergeben mit etwas Kleber eine effiziente Nisthilfe.

TIPP! Gips als Kleber

Besonders Eilige können anstatt Heißkleber auch Gips zum Einkleben der Niströhren verwenden: Dickflüssige Gipsmasse wird wenige Millimeter dick auf den Boden des Behälters gestrichen, die Niströhren werden dann – dicht an dicht – hineingesetzt und zum Trocknen an einen warmen Ort gestellt.

Schritt 1 Die Röhrchen werden einzeln mit Hilfe einer Heißklebepistole in den Behälter geklebt.

Schritt 2 Die Niströhren werden – dicht an dicht – in die kleine Kiste geklebt.

Um Nässe von den Niströhren abzuhalten, sollte entweder ein leicht überstehendes Dach (Blech, Holz oder Dachpappe) auf die Kiste gesetzt werden oder man schraubt, wie oben beschrieben, einen Pflanztopf darauf. Das funktioniert natürlich nur, wenn der Nistblock oben eine gerade Auflagefläche hat.

Niströhren sollten in südlicher oder südöstlicher Richtung aufgehängt werden. Es wird nicht lange dauern und die ersten Bewohner ziehen ein. Am schnellsten erfolgt eine Besiedlung, wenn entsprechende Nektarpflanzen in der Nähe wachsen.

Der Durchmesser der Niströhre bestimmt die Arten in unserem Garten

Es ist wenig sinnvoll, Niströhren im Garten aufzustellen, die alle in etwa den gleichen Durchmesser besitzen. Bei der großen Vielzahl an heimischen Wildbienen und solitär lebenden Wespen sollten die Niströhren Innendurchmesser von rund 2 mm bis 10 mm aufweisen. Dann dürfen wir auf viele verschiedene Insekten an unseren Nisthilfen hoffen und haben außerdem etwas für den Artenschutz getan.

Folgende wilde Bienen- und Wespenarten benötigen Niströhren mit einem Durchmesser in Millimeter:

- 2–4 mm: Masken- und Löcherbienen, kleine Grabwespen
- 5 mm: Scheren- und Löcherbienen, Stahlblaue Mauerbiene, mittelgroße Grabwespen, kleine Lehmwespen
- 6–7 mm: Rote Mauerbiene, Distel-Mauerbiene, kleine Blattschneiderbienen, große Lehmwespen, Glänzende Natternkopf-Mauerbiene, Rainfarn-Seidenbiene
- 8–10 mm: Gehörnte Mauerbiene, Blattschneiderbienen, Tönnchenwegwespe

Insektennisthilfen sind nützlich und schön!

Insektennisthilfen müssen im Winter draußen bleiben!

IM KRATER GÄRTNERN

Die Möglichkeit, Nutzpflanzen in Mulden zu kultivieren, wurde einst für Extremstandorte entwickelt und angewendet. Man konnte mit einer tiefer gelegten Anbaufläche Wind und Wetter besser von den Pflanzen fernhalten und damit manchmal eine Ernte erst möglich machen, wenn die örtlichen Gegebenheiten allzu anbaufeindlich gewesen sind.

Heute können wir auf das Gärtnern in einem Kraterbeet zurückgreifen, wenn wir unsere erwünschten Erträge noch ein wenig optimieren möchten. Das ist vor allem in sehr windigen oder kalten Lagen empfehlenswert.

Die Pflanzen sind in der Mulde vor austrocknenden Winden geschützt. Legt man in die Mitte des Kraters noch einige Wärme speichernde Steine, wie es Pflastersteine aus Granit sind, geben diese ihre Wärme vor allem nachts an ihre Umgebung ab.

Das bedeutet für die im Krater befindlichen Pflanzen, dass sie wesentlich gleichmäßigeren Temperaturen ausgesetzt sind als Pflanzen, die auf ebenerdigen Beeten stehen. Daher dürfen wir uns bei der Kraterbeet-Kultur auf wesentlich höhere Erträge bei all unseren Nutzpflanzen freuen.

Von diesem rein ökonomischen Vorteil einmal abgesehen, sieht ein ansprechend gestaltetes Kraterbeet auch recht apart aus und bildet einen besonderen Blickfang im Garten.

KLEINES KRATERBEET FÜR SALAT UND ERDBEEREN

Ein kleines Kraterbeet braucht wie auch andere Beete, die mehr vertikal als horizontal angelegt sind, kaum Platz und ist recht schnell und einfach herzurichten.

Man benötigt nur etwa 4 bis 5 m an Platz im Durchmesser. Das Erdreich sollte allerdings frei von größeren Wurzeln sein.

Zunächst wird das Unkraut auf der Fläche entfernt. Vor allem Wurzelunkräuter sollten tiefgründig gejätet werden.

Schritt 1 Ein tiefgründiger Platz im Garten wird von Wurzelunkräutern befreit.

Schritt 2 Nun wird mittig ein Pflock gesetzt. Mit einer Schnur wird ein kleiner Kreis in der Erde rund um den Pflock markiert.

Schritt 3 Nun wird von der Mitte ausgehend ein runder Krater ausgeschaufelt.

Schritt 4 Die herausgehobene Erde wird rundum als erhöhter Rand aufgeschüttet.

Schritt 5 Die Innen- und Außenwände des Kraters werden noch ein wenig modelliert und geglättet. In der Mitte des Kraters wird eine kreisrunde Fläche aus kleinen Granit-Pflastersteinen verlegt. Das funktioniert am besten, wenn man die Steine in ein Bett aus Split hineinlegt und sie mit einem Gummihammer gut festklopft.

Schritt 6 Von der Außenkante kann zusätzlich noch ein kleiner Weg, der zur Mitte des Kraterbeetes führt – ebenfalls in feinem Split –, verlegt werden. So kann man jederzeit bequem in den Krater hineinsteigen und auch von dort aus säen, gießen und andere wichtige Pflegearbeiten verrichten. Aus rein optischen Gründen kann der gesamte Krater nun noch hübsch mit Steinen eingerahmt werden. Diese Steine speichern ebenfalls tagsüber reichlich Sonnenwärme, welche sie nachts wieder abgeben.

Salatpflanzen gedeihen sehr gut in der geschützten Atmosphäre des Kraters, ...

... aber auch Unkraut verbreitet sich rasend schnell, so dass unerwünschtes Kraut zeitnah gejätet werden sollte.

TIPP! Erdbeeren im Krater

Vor allem Erdbeeren lieben den geschützten Standort eines Kraterbeetes und liefern ein Vielfaches an Ertrag!

NOCH EINE AUSGEFALLENE BEETIDEE

DER TISCHGARTEN

Manchmal sieht man einen alten Tisch auf der Straße stehen oder findet ihn auf dem Speicher des Hauses und hat absolut keinen Platz in der Wohnung für das schicke Möbel, zum Wegwerfen erscheint es andererseits jedoch viel zu schade. Dann kann das Möbelstück noch für eine Zeit lang unseren Garten schmücken und als eine Art Tisch-Hochbeet Etliches für Auge und Gaumen beheimaten.

Werden einfache, grob gezimmerte Holzkisten auf den Tisch gestellt und mit guter Erde, etwa mit selbst hergestellter „Terra Preta“ (Anleitung ab Seite 89) gefüllt, entsteht ein interessanter Tischgarten, der als Anzuchtstation für Jungpflanzen ebenso wie für schöne Blühpflanzen oder sogar für die eine oder andere Küchenzutat genutzt werden kann.

Bequemes Gärtnern an einem Tischbeet

Manchmal überraschen uns Pilz-Schönheiten im Tischgarten, die zwar wunderschön anzusehen, aber nicht immer essbar sind, wie der Orangerote Träuschling. (Bild rechte Seite unten)

Massive Holzkisten bieten viel Pflanzraum.

ANHANG

BEZUGSQUELLEN

Hochbeete

Rheingau Hochbeet
Albert-Schweitzer-Straße 13, 65366 Geisenheim
www.rheingau-hochbeet.de

Saatgut

www.bienenretter.de

Baumschule Ahornblatt
Postfach 1125, 55001 Mainz
www.ahornblatt-garten.de

Bingenheimer Saatgut AG
Kronstraße 24, 61209 Echzell
www.oekosaatgut.de

Bioland-Versandgärtnerei Strickler
Lochgasse 1, 55232 Alzey
www.gaertnerei-strickler.de

Bio-Saatgut – Gaby Krautkrämer
Eulengasse 2, 55288 Armsheim
www.bio-saatgut.de

Blauetikett-Bornträger
67591 Offstein
www.blauetikett.de

Blumenschule Schongau
Augsburger Straße 62, 86956 Schongau
www.blumenschule.de

Die Kräuterei, Bioland
Alexanderstraße 29, 26121 Oldenburg
www.kraeuterei.de

Dreschflegl-Versand
Postfach 1213, 37202 Witzenhausen
www.dreschflegel-saatgut.de

Hof Berggarten
Lindenweg 17, 79737 Herrischried
www.hof-berggarten.de

Natura-samen
Pestalozzistraße 41, 97688 Bad Kissingen
www.natura-samen.de

Staudengärtnerei Dieter Gaissmayer
Jungviehweide 3, 89257 Illertissen
www.staudengaissmayer.de

Syringa-Samen
Bachstraße 7, 78247 Hilzingen
www.syringa-samen.de

Arche Noah
Obere Straße 40, 3553 Schiltern
www.arche-noah.at

ReinSaat ® KG
3572 St. Leonhard am Hornerwald 69
www.reinsaat.at

SAMEN MAIER
Rieder Straße 7, 4753 Taiskirchen
www.samen-maier.at

Botanik Sämereien GmbH
Seestrasse 151, 8820 Wädenswil
www.saemereien.ch

Biogarten Andermatt
Stahlermatten 6, 6146 Grossdietwil
www.biogarten.ch

Nisthilfen

Bienenhotel
Drosselweg 9, 18057 Rostock
www.bienenhotel.de

WEITERFÜHRENDE LITERATUR

„Das Hochbeet für Gemüse, Kräuter und Blumen", von Sofie Meys, Leopold Stocker Verlag

„Deko aus Beton", von Sofie Meys, Leopold Stocker Verlag

„Kreative Pflanzgefäße", von Sofie Meys, Leopold Stocker Verlag

„Wildpflanzen für jeden Garten", von Reinhard Witt, blv

„Blumenwiesen", von Reinhard Witt und Bernd Dittrich, blv

„Der Garten in der Küche: Sprossen, Pilze, Kräuter, Gemüse", von Elisabeth Millard, Leopold Stocker-Verlag

„Töpfern", von Dieter Baumann und Sofie Meys, Leopold Stocker Verlag

u. a.

DIE AUTORIN

Sofie Meys arbeitet freiberuflich als Journalistin und freie Autorin und betreibt das Online-Portal www.gartenwelt-natur.de.

Im Leopold Stocker Verlag veröffentlichte sie bereits vier Bücher: „Das Hochbeet für Gemüse, Kräuter und Blumen – Selbst gebaut!" (2012), „Deko aus Beton, Schönes für Haus und Garten selbst gemacht!" (2013), „Kreative Pflanzgefäße" (2014) sowie „Töpfern" gemeinsam mit Dieter Baumann (2015).

Aus unserem Programm

ISBN 978-3-7020-1351-6

ISBN 978-3-7020-1260-1

ISBN 978-3-7020-1394-3

ISBN 978-3-7020-1451-3

Leopold Stocker Verlag

Graz – Stuttgart

www.stocker-verlag.com